HOMMES ET FEMMES

DU MÊME AUTEUR

LE PONT DU NORD, *roman,* Gallimard, 1967.
ÉTOILE-NATION, *nouvelle,* Temps modernes, juillet
  1967.
PAROLE DE FEMME, Grasset, 1974.
ÉPOUSAILLES, Grasset, 1976.
LA VENUE À L'ÉCRITURE (avec Hélène Cixous et Made-
  leine Gagnon) 10/18, 1977.
AU FEU DU JOUR, Grasset, 1979.

ANNIE LECLERC

HOMMES ET FEMMES

BERNARD GRASSET
PARIS

Il me semble n'avoir jamais réellement distingué la naissance du jour, l'entrée dans l'amour et le dévoilement de vérité.

C'est la même splendeur. Mais le cœur défaille de ne pouvoir la tenir toute.

C'est la même lumière. Mais aussi, dans la lumière elle-même, cette nuit qui la rend insupportable à aborder en solitude. Pour peu que je voie — oh! miracle — je vois aussi que je ne vois pas.

Alors il me faut dire. A l'autre. Vers lui.

J'écris parce que j'appelle.

Mais n'est-ce pas ainsi que « je t'aime » se dit?

Je t'aime... Je sais et ne sais pas ce que je dis. Si seulement tu savais... Je suis comme toi, dis-tu, je sais et ne sais pas... Il suffit alors. Je ne suis pas seule. Nous sommes ensemble. Je peux mourir.

C'est ainsi que je veux écrire. Au plus loin dans ce que je sais de l'amour. Jusqu'où je ne sais plus. Pourvu que je ne sois plus seule au bord de cette nuit...

Il me faut dire ce à quoi j'ai le plus pensé parce que plus j'y pense plus je m'abîme dans ce que je ne peux penser. Là où j'ai voulu penser, c'est aussi là où la pensée chavire.

Je cherche l'autre, tout autre, qui en ce lieu aussi s'égare et sombre.

Mais qu'importe alors si nous sommes ensemble ?

La dernière phrase ouvrait un abîme de stupeur.
Ils furent heureux et eurent beaucoup d'enfants.
Parce que le conte finissait là où il aurait dû
commencer, je m'appliquais parfois à remplir, les yeux
clos, cette angoissante vacuité. Je m'essayais à peupler
un étalement indéfini de bonheur, à envisager des soirs
alanguis, des jardins, des matins adorables, des fleurs,
des velours, des soies, des fontaines, des fruits. J'enfi-
lais des mots qui ne me servaient à rien ; pas même à
conjurer l'image hideuse qui ne manquait pas de se
présenter. Je les voyais morts. Ridés, défaits, vaincus.
Au lieu de voir l'amour je voyais un tombeau.

Dans l'enfance déjà, comme l'amour inquiétait..

Tout ce qui était désirable était pensable, une bonne
note, une jolie robe, une bicyclette. Pourquoi ce qui
était plus que tout désirable se dérobait-il inexorablement à la pensée ? Pourquoi une longue vie d'amour ne
proposait-elle d'autre image que celle de sa fin ?

Ne valait-il pas mieux différer, et jusqu'au bout des
temps, la rencontre ? Se piquer à la quenouille et

entrer pour cent ans dans le rêve émerveillé de l'amour du prince ?

Comment aimer plus loin qu'au jour de la rencontre ? Comment durer dans la naissance, dans l'aurore ?

Comment consentir à l'amour sans le perdre ?

Comment jouir sans mourir ?

Je relisais inlassablement les contes que j'aimais. *Peau-d'Ane, la Belle au bois dormant, les Fées.* Mais je pris le parti de les quitter avant la dernière phrase. Elle semblait bonne ; elle était mauvaise. Faute de pouvoir donner lieu à l'amour, elle était en fait illisible.

Pourtant il me semblait obscurément que c'était eux, les fiancés, qui n'avaient pas su. Eux qui n'avaient pas été vigilants. Eux qui avaient défailli. Eux qui avaient failli à l'amour.

Non, moi, je ne ferais pas comme eux. Jamais. Certes il était encore impossible de savoir comment. Mais je trouverais assurément le moyen. Je me le jurais. Je donnerais lieu à l'amour.

On pourra toujours dire qu'il ne s'agit que de *mon* aventure de vérité. C'est vrai. Mais j'y ai bien travaillé ; comme s'il s'agissait de tous et pas seulement de moi. Et depuis très longtemps.

Je sais bien ce que disaient les mauvaises langues de ma banlieue ; que je n'étais pas une jeune fille sérieuse, que je ne pensais qu'à « ça ». Les garçons, les hommes, l'amour en somme. En un sens c'était vrai ; tout ce que je pensais se ramenait à « ça ». Pourtant les mauvaises langues ne savaient pas ce qu'elles disaient. C'était un souci d'une extrême gravité, une intense et quotidienne activité mentale dont le sérieux aurait dû faire pâlir d'envie les parents des jeunes filles sages et scolairement accomplies. C'est vrai, je ne pensais qu'à « ça », mais j'y pensais vraiment.

Sans doute n'ai-je jamais rien fait d'autre sérieusement dans ma vie. Je viens d'écrire que j'ai bien travaillé, mais c'est pour qu'on me prenne au sérieux. Faire en sorte de ne s'occuper jamais que de ce qui vous occupe le plus, est-ce que c'est travailler ? Est-ce que c'est même sérieux ? Parfois j'en suis convaincue et

11

parfois non. C'est comme le fait d'être écrivain, de ne pouvoir rien dire d'autre de soi que : je suis écrivain.. Parfois j'en suis fière, et, c'est drôle, il me semble parfois que j'en ai honte.

Tandis que d'autres s'appliquent aux affaires du monde et s'acharnent à la maîtrise de ces choses qui le mènent, c'est-à-dire les chiffres, les outils et les armes, n'est-il pas léger, inconséquent de ne vouloir s'occuper que d'amour, au point de s'y consacrer toute, jusque dans l'écriture ?

Il arrive que je m'observe d'un point de vue d'homme pénétré de gravité et d'importance et que je me déconsidère au point d'en trembler d'inquiétude.

Je me conforte alors dans mon chemin (je serais bien en peine d'en choisir un autre) en observant ce à quoi, loin du souci d'amour, ils s'efforcent si gravement. Et je vois bien qu'il résulte de leurs travaux plus de fausseté que de lumière, plus d'ennui que de bonheur, plus de vanité que de plénitude.

Si je ne sais pas à quoi « sert » de se tenir dans le souci d'amour, et de chercher à le penser autant qu'il se peut penser, je sais que je ne triche pas. Je ne fais pas semblant. Je m'occupe, parce que rien ne m'intéresse davantage, des hommes et des femmes, de leur désir d'amour. Tout en étant convaincue, c'est vrai, tant mon intérêt est puissant, que c'est aussi ce qui les intéresse le plus, quoi qu'ils disent, quoi qu'ils montrent, quoi qu'ils fassent.

Je crois que le désir d'amour est ce qui décide de nos vies, de nos épreuves et de nos travaux. Ce que je crois vrai pour moi je le crois tant que je le crois vrai pour eux. Je n'ai pas de preuve.

12

Mais si j'ai voulu penser ce qui se veut, se cherche, se souffre en matière d'amour, c'est peut-être aussi parce que c'est devenu très difficile, quand ce n'est pas défendu.

C'est un temps où l'on a tant chargé la nouveauté de valeur, où l'on a tant confondu le changement avec le progrès et la libération que l'on a souvent oublié de penser, ou pis dédaigné, ce qui, à l'évidence, ne change guère, ne veut pas changer.

C'est un temps où on en aura peut-être perdu beaucoup à découvrir, à annoncer des bouleversements fondamentaux, des transformations radicales, et autres irréversibles mutations ; et cela pour bien peu de chose au fond.

C'est un temps où on aura été pris, sans doute plus qu'en d'autres, par le spectacle des choses, le tourbillon des images transitoires, éphémères, au point d'égarer la perception, le sentiment de ce qui dure et se poursuit, de fil en aiguille, de père en fils, de mère en fille, de désir en désir, de chagrin en chagrin.

Parce qu'on ne voit plus que ce qui change relativement aux mœurs, au sexe, aux femmes, à l'éducation des enfants, on néglige de s'attarder en pensée sur cette part de nous-mêmes étrangement tenace, répétitive, cette part la plus poignante de nos vies, je veux dire celle qui a trait à nos histoires d'amour.

Quand je considère, sans trop de pitié ou de complaisance, ce qu'ont été nos vies, la mienne et celle de mes plus proches, des amis de toujours, ce qui me frappe le plus c'est à quel point nous avons souffert du cœur : la déception, l'angoisse, la jalousie, l'abandon... Certains ont dit, quand le plus dur a été passé, qu'on ne les y

13

·reprendrait plus, allant parfois jusqu'à imaginer que la quête du grand amour procède d'une idéologie réactionnaire, particulièrement propice à l'aliénation des individus ; mais on les y a repris et plutôt deux fois qu'une...

Ceux-là ont été d'autant plus malheureux qu'ils se sentaient bien peu libres, bien peu « modernes », alors qu'il eût été si convenable de l'être. Je me souviens de M. qui, pendant une manifestation pour l'avortement, pleurait sous mon aile d'inavouables peines de cœur. Elle disait qu'elle ne savait pas ce dont elle pleurait le plus : que P. ne parte pas en vacances avec elle, comme cela avait été convenu quelques mois plus tôt, ou de découvrir à quel point elle s'était attachée à P., s'était laissé « piéger », disait-elle, dans une histoire d'amour.

On ne s'est autorisé à parler de relations entre les sexes que dans la mesure où il s'agissait de domination, d'oppression, d'exploitation. C'est qu'il fallait que la pensée « serve » une cause bonne. Avec elle on allait envisager le « nouveau ». On prenait conscience, on engageait une lutte, on amorçait un progrès, une émancipation, on préfigurait une libération.

Mais de l'obsédant, de l'indestructible désir d'amour, désir de l'autre en son sexe, désir d'alliance, de ferveur, de lumière, d'éternité, on ne disait rien. En effet, que fallait-il en dire ? Était-ce bon, était-ce mauvais ? En tout cas ce n'était pas moderne.

On croyait pouvoir parler des hommes et des femmes en négligeant leur plus profond, leur plus constant souci, leur plus intime chair. Comme si ça n'était pas le sol archaïque, humus fertile ou empoisonné de tout ce

14

qui avait poussé entre eux, jouissance, cruauté, vengeance, mépris... mais aussi ces dons parfois, ces abandons de la plus pure beauté, de totale bonté... mais encore ces sordides misères, ces amers ressentiments, ces mensonges, ces petites haines noires et actives...

Il m'apparut qu'on ne comprendrait jamais bien la violence des uns contre les autres, ni même les récentes déterminations des femmes, leurs luttes, leur mouvement, si on oubliait toujours le fond pesant, extraordinairement têtu, de leurs affaires, Éros en un mot.

Pourquoi, si nous n'avions pas tant voulu aimer et être aimé, aurions-nous été si malheureux ?

Si on n'avait pas tant voulu, cherché, exigé en Éros, quel besoin aurait-on eu de séparer les femmes des hommes, d'annoncer la rupture, le divorce ?

Même celles qui dès leur plus jeune âge, la plupart d'ailleurs, avaient eu à connaître l'homme-porc, la brute, le profanateur imbécile, n'avaient rien désiré davantage leur vie durant que de belles, de merveilleuses, d'éternelles et de transparentes amours.

Au fond de notre enfance il y a eu ce désir simple, absolu.

On n'oublie pas le fond de son enfance ; ni ce désir.

Il y a dix ans j'écrivais *Parole de femme*. Comme c'est loin déjà ! Je me souviens que je m'y avançais lisse et certaine, toute voile dehors, encore gonflée du souffle vaste de l'enfantement. J'étais surtout d'une irréductible gaieté.

J'eus la chance de pouvoir pénétrer sans réserve, de découvrir enchantée, et sans arrière-pensée, ce qui m'apparaissait le trésor somptueux et d'inépuisable fécondité du féminin. Il me semblait que je puisais au plus intime de mon corps un savoir doux et souverain dont la terre entière se languissait. Et j'énonçais, au fur et à mesure qu'elle s'était découverte à moi, la gloire du féminin.

Je révélais moins que je ne le croyais. Dans le livre secret de l'humain, mais dont nous connaissons tous intimement le texte, il y a place et grande place pour cette gloire. N'empêche. C'était une tâche exaltante — d'autant qu'elle me paraissait inédite — de lui consacrer mon écriture.

Volontairement, encore qu'avec l'heureuse impertinence qui m'habitait alors, je me détournais des

16

souffrances, peines obscures et humiliations, propres à la condition féminine. Il fallait passer outre ce fatras de misère, de silence. Il fallait que se proclame et se répande une parole venue du corps des femmes, une parole fondée en jouissance, et non en douleur, une parole lavée de tout ressentiment ; parole qui aurait été de lumière et de puissance.

Mon principe était simple : c'est la jouissance qu'il faut entendre. C'est en elle que s'ouvre la pensée, la puissante affirmation, la rieuse évidence et finalement la généreuse connaissance. Cela peut se dire encore plus simplement : le Bon ne naît que du Bon, et ce qui naît du Bon ne peut être que bon. C'est la croyance première, irréfléchie, de tout lyrisme.

Que le féminin s'affirme en lumière et certitude et le masculin serait, non pas abattu, mais défait, là où il faisait mal, se faisait du mal, et nous faisait mal.

Ainsi, me tenant déjà aux antipodes de la guerre des sexes, j'imaginais mon chant justifié par la cause assurément servie, celle des femmes, et magnifié par sa fin ultime et de toute bonté, l'intérêt humain.

La violence que les hommes tournaient contre les femmes n'était-elle pas l'expression de celle, constante et insidieuse, qui leur avait été faite au cours de leur dressage d'enfant et d'adolescent, à travers l'excitation à la rivalité, et sous la menace aussi terrible que la mort de l'humiliation ? N'était-ce pas par un engrenage de violence que se fabriquait cette virilité toujours inquiète et agressive, dont les femmes devaient tant souffrir ?

Tenus sous la menace de la honte, du ridicule, de la perte d'identité, indéfiniment sollicités du côté de la guerre, toujours pressés par de nouveaux affronts, nouveaux objets de lutte et de conquête, comme s'il en allait de leur vie, n'étaient-ils pas interdits de jouissance, et par là même d'une certaine sorte d'intelligence, de féconde ardeur, d'immédiate bonté ?

L'oppression, le mépris, le viol des femmes était inséparable d'un malheur inavoué, inavouable de leur part, celui d'être homme.

Il fallait donc prendre les choses en deçà de la souffrance des femmes, dans cette part du féminin que le malheur cruel des hommes n'avait pu atteindre, part du corps heureux et fertile, là où dormait, se chuchotant seulement de mère en fille, toute une connaissance intime et souveraine de l'humain. Il fallait donner lieu — espace d'humanité — aux vérités cachées au cœur secret, et peut-être jaloux, des femmes. Il fallait dire avant qu'il ne soit trop tard. Avant que nous ne soyons tous, hommes et femmes, soumis à la loi irrésistible de la guerre. Dire avant que nous les femmes ne soyons des hommes. Avant que finalement personne ne soit plus personne.

Parole de femme, à qui je n'avais rien demandé de tel, s'inscrivit dans le vaste Mouvement des femmes, alors chaleureux, encore indéfini, et m'entraîna à sa suite.

Je m'y laissai porter volontiers. Je pris un plaisir très fort, et qui ne ressemblait à aucun autre jusqu'alors connu, à me fondre dans ce corps de femmes en mouvance, sans limites assignables et autosuffisant.

Elles, moi, mères, filles, sœurs, c'était tout une. C'était toute femme. C'était Femme-toute.

Le temps, les années ont passé. Je ne suis plus dans la joie finalement aveuglante de l'enfantement. Je ne suis plus portée, innocentée et anonyme, en Femme-toute. Ce qui avait débuté dans l'enchantement se poursuit cependant, dans une austérité sans doute plus exigeante.

Je crois mieux savoir maintenant pourquoi je voulais que le féminin s'enivre de lui-même, se dilate d'une puissance qu'il ne tiendrait que de lui, et dont le monde entier aurait soif.

Puisque les femmes avaient été tenues à l'écart de l'Histoire, hors de la facticité, de la guerre, du pouvoir, de la mort, n'étaient-elles pas restées aussi, et de ce fait, au plus près de la vie, de la permanence et comme dans la Vérité, que les hommes avaient égarée ?

J'aurais voulu qu'il y eût un être-femme qui n'aurait tenu sa force et sa splendeur que de lui-même. Être-femme, dont il suffirait qu'il soit joyeusement révélé, pour arracher le silence et le mépris qui l'avaient si longtemps accablé. Qu'il s'affirme, et il se répandrait comme une marée d'amour. Il inonderait les vieillards, les hommes et les enfants, d'une pluie de jouvence, fraîche et miraculeuse...

J'aurais voulu surtout ne tenir que de moi-femme, et de personne d'autre, ce que je pensais, ce que je voulais. Repli passionné, exaltant mais sauvage, du féminin sur lui-même.

Ce que j'ai fait dans la pensée et l'écriture de *Parole de femme*, des milliers et des milliers d'autres femmes l'ont fait et le font encore. Rentrer dans le for intérieur. Mais ce for est une forteresse, large enceinte close, où

19

l'on mange, dort, souffre et rêve, et où grandissent les enfants.

Cultiver sa terre, fonder sa demeure, s'établir femme dans une souveraineté affranchie du mâle pouvoir c'est ce que tentent, et réussissent parfois dangereusement, les femmes dans l'ordre familial, et particulièrement les mères. Il s'agit alors de fonder son être-femme, sans référence à Éros en tant qu'il inclut la sexualité, le désir, l'attrait, la quête de l'autre. Et cela se peut. Je l'ai fait avec une assurance aussi impériale qu'irréfléchie, une sorte d'aplomb tranquille, auquel personne ne trouva à l'époque à redire : sans doute parce que c'est le mouvement le plus familier des femmes.

Ainsi n'avais-je rien dit, ou presque, dans *Parole de femme*, de la sexualité, de l'amour, du corps féminin cherchant l'autre de son corps. Rien dit de l'attachement à l'autre, ou du détachement, rien dit de nos liaisons, de nos alliances ou de nos divorces.

Alors que je m'étais donné à dire tous les moments bénis du corps féminin, à ouvrir sa terre d'approbation, d'affirmation, j'avais tu avec une insistance farouche mon corps sexuel, et qui avait pourtant été en certaines aurores (rares, si rares, trop rares, mais qu'importe ?) un corps de naissance extasiée, et qui avait connu le baptême, l'immersion irrésistible dans le grand bain d'amour, la promesse d'éternité...

Pourquoi n'en avoir rien dit, alors même que je n'avais jamais cessé d'y penser ? C'est que j'étais entrée dans le temps extraordinaire du maternage où — quel repos ! Mais aussi quelle revanche ! — on peut penser souverainement à autre chose qu'à l'amour.

20

J'avais voulu « donner corps » à la différence des sexes. M'assurer que le corps féminin s'ouvrait sur une autre expérience de la vie, de la mort, de la jouissance, qu'il engageait à penser autrement la pensée, non comme ce qui donne la maîtrise, mais ce qui la défait, ouvrant la voie à de plus graves jouissances, à de plus profondes connaissances.

Alors il m'avait fallu oublier que nous étions tous embarqués dans le même navire, liés ensemble dans une même langue, une seule histoire, une progéniture partagée. J'avais négligé Éros parce qu'il fondait notre communauté, assurait notre indéfectible ligature. Je nous voulais obstinément séparés et distincts.

Ce que je ne voyais pas alors et que je vois si évidemment maintenant, c'est Éros, notre langue commune. En elle seule se fonde et s'envisage la différence des sexes dans la promesse d'amour. C'est elle qui m'exige femme comme je voulais m'inventer femme.

N'était-ce pas par une totale fidélité à cette disposition à l'amour qu'Éros dicte aux femmes que j'avais voulu inscrire en lettres d'or l'être-femme, suprêmement désirable ?

Je l'avais pressenti, mais je ne l'avais pas dit.

L'origine et la fin de *Parole de femme,* c'est ce dont ça parle le moins. Toujours la même chose. La grande affaire.

Insatiable désir d'amour.

Or qu'est-ce qu'être femme hors de cet insatiable désir ?

N'est-ce pas selon la langue d'Éros que je me suis rêvée femme ? Femme d'un bout à l'autre du désir, de sa naissance émerveillée à son impensable mort ?

Femme : premier rivage où s'éveille le désir, puis mer opaque hantée de désir, île lointaine enfin, Ithaque à la douceur ultime où s'en va jusqu'à mourir le désir...

Qu'est-ce qu'une différence sans la langue qui lui donne corps, sans le tissu qui la porte ?

Éros est notre langue commune, celle qui nous apprend ce qu'il en est du désir, où il va, celle qui nous réclame sexués, c'est-à-dire autres, hommes et femmes, en disposition particulière d'amour, nous embarquant ensemble sans nous confondre, en quête de ce paradis toujours promis, toujours possible (sinon ce ne serait plus vivre) où nous serions, ni l'un ni l'autre, et l'un et l'autre.

C'est Éros le fondateur de la différence des sexes.

Pourquoi s'apprêtent-elles ? Pourquoi s'efforcent-ils ?

Pourquoi se font-elles si belles, silencieuses et lointaines ? Pourquoi se veulent-ils puissants, industrieux et maîtres ?

Ils rêvent d'un paradis qui serait leur jardin d'innocence.

Et c'est ainsi que j'ai voulu remonter à ce que j'avais si étrangement oublié dans *Parole de femme,* et qui pourtant n'avait jamais cessé de m'inspirer.

J'ai vu alors qu'homme, femme, cela ne se comprenait qu'à partir d'Éros, en désir d'amour, en déception d'amour, en vengeance d'amour.

Je me suis demandé ce qui les rendait malheureux, hommes et femmes, diversement malheureux, même si à la fin, dans l'excès, le fond du chagrin, cela revient toujours au même : tu m'as abandonné(e) alors que tu avais promis...

J'ai vu aussi que ce n'était pas la guerre. Que l'un ne cherchait pas la mort de l'autre. Que ce n'était jamais une histoire de maître et d'esclave. Les coups, les insultes, les chaînes ne se comprenaient que selon la langue d'Éros. J'eus à penser la violence; et même la violence ne se comprenait que par Éros. Au fond de la violence brûlait toujours la rage d'une antérieure et première trahison.

Éros nous lie, alors même qu'il nous sépare dans le chagrin, le divorce ou la mort. Et il en est des sexes ce qu'il en est des êtres. Cela ne se défait pas. Cela se poursuit, de baisers en invectives, d'espoirs en déceptions, de différences en différends, de répliques en reparties.

Cela fait une histoire d'amour, et pas une histoire tout court comme on les lit dans les livres d'Histoire. Ce n'est pas une histoire de conquête, de vainqueurs et de vaincus. Ce n'est pas l'histoire d'une domination des mâles sur les femelles dépouillées et asservies, c'est l'histoire d'une intime liaison tourmentée et interminable.

Bien sûr, lorsque la scène éclate, vont-ils jusqu'à s'accuser du pire : tu ne me veux pas libre, tu me veux esclave, tu ne veux pas ma vie, tu veux ma mort...

Mais qui peut les prendre au sérieux, qui veut les prendre au sérieux, sinon celui qui jubile, pour sa vengeance particulière, dans la scène de violence ?

C'est toujours la même chose qui se pleure et se gémit dans l'insulte ou le réquisitoire : l'amour manque. Il manque affreusement, m'entends-tu...

C'est Éros, j'en suis sûre, qui a crié par la bouche des femmes.

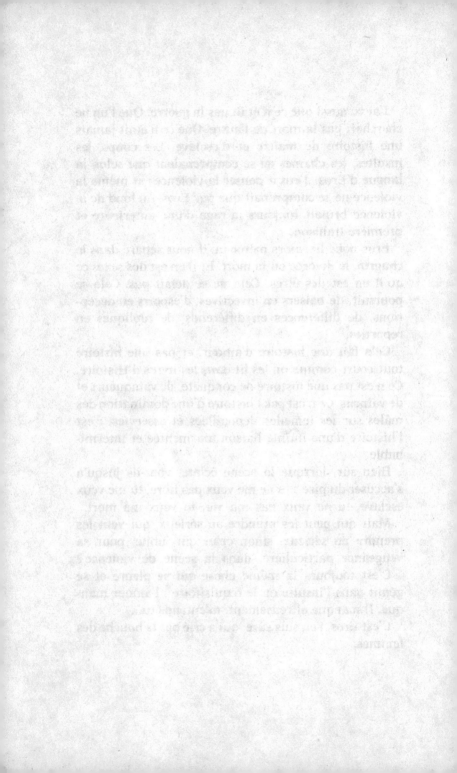

À l'aurore de sa vie, au fond de sa première oreille, l'enfant reçoit la parole d'Éros. Et il la croit à jamais au cœur de cette innocence dont il ne se défera pas. Il croit que la plus grande jouissance est d'amour. Il croit que si l'homme et la femme parviennent à se joindre alors c'est un jardin de lumière oublieux de la mort qui s'ouvre dans la main de Dieu.

Il est vrai que ce qui se dit, cette parole d'Éros, ce bruit, ce tendre et terrible message, qui partout court et se répand, dans les baisers, dans les regards, dans les livres et dans les images, se dit à demi-mots.

Au point que les mères pourront toujours prétendre qu'elles n'avaient pas promis un jardin d'éternité.

Au point qu'on pourra faire semblant qu'on n'a rien entendu. Ou qu'on n'y a pas cru.

Mais seulement semblant.

Quand je lis le *Phèdre* ou le *Banquet* de Platon, passé le premier enchantement, l'aveugle séduction d'un texte quel qu'il soit, d'où qu'il vienne et qui parle d'amour, je sais qu'il y manque le plus grave de ce que nous portons nous, et depuis plusieurs siècles sans doute, sous le nom d'amour, et dont nous sommes hantés.

Même si ce qui s'y affirme appartient encore à notre foi en Éros. Que le sexe n'est pas de l'animalité (dont il s'éloigne même d'autant plus, pour Platon, lorsqu'il est homosexuel). Que l'amour va au-delà de celui auquel il s'adresse. Qu'il est soif éperdue de connaissance du Bien ultime. Qu'il est exaltation de l'âme à l'approche du divin. Oui, tout cela est bien nôtre encore.

Oui, c'est bien Éros, mais si lumineux, si aérien, si peu pathétique. Nous ne le reconnaissons que dans le plaisir d'oublier les tourments qu'il nous cause, les chaînes dont il nous retient.

Éros grec est un emportement aveugle vers la lumière, une obscure mémoire d'éternité, l'anticipation du grand soleil de la vérité. Ardente et brève folie qui ne connaît pas toute sa sagesse. Éros est dieu, mais dieu parmi les dieux, encore qu'il soit peut-être le plus puissant, puisqu'ils n'échappent pas, tous dieux qu'ils soient, à ses flèches. Éros est un dieu ailé parce qu'il donne des ailes au sexe viril, et qu'il l'emporte à travers les apparences sensibles du Beau outre le corps du beau jeune homme étreint, vers la réalité de l'absolument beau. C'est toujours une danse, une fête : tension, prétention, disposition extrême à la lumière.

C'est un bien bel Éros, mais comme il est léger, rieur, inconséquent auprès du nôtre. Éros, notre Éros à nous, ce n'est pas de temps à autre bain de jouvence, de vigueur, d'intelligence de l'âme, c'est tout le temps. Ainsi qu'en témoignent toute notre littérature, nos arts, les sombres rumeurs de nos vies, c'est notre plus fidèle tourment, notre obsession la plus constante.

Nous avons fait de l'amour l'épreuve cruciale de notre humanité.

Nous le cherchons, nous le voulons, nous l'appelons Amour, notre plus grand bien. Mais pour peu qu'il nous prenne, nous voici menacés des plus sombres douleurs. S'il nous prend il nous enchaîne, ainsi qu'il est dit, pour le meilleur et pour le pire. Éros engage l'histoire de nos vies, et l'histoire de nos vies se confond à celle de nos amours. Et l'histoire de nos vies, pour peu qu'elle se raconte, se ramène toujours (car nous avons égaré dans le ciel indicible tous nos ravissements, nos chants d'apothéose) à l'histoire de nos souffrances.

Notre amour est passion. Amour, c'est la prise confondue d'un corps et d'une âme, et c'est un chemin d'épreuves, de feu, de sang, de glace.

Quand il n'y a plus d'épreuves, l'histoire s'arrête
L'amour ne se dit plus. Se vivrait-il sans avoir à dire ?
S'il n'a plus rien à dire, c'est qu'il a fini de vivre.
Voici ce qu'Éros a inventé pour nous : la passion.

Dieu, un jour, il y a près de deux mille ans, un jour comme aujourd'hui, Dieu se serait fait homme, sans cesser d'être Dieu. Celui dont il était dit qu'il viendrait, qu'il lierait à jamais l'humain au divin, qu'il consacrerait l'alliance ultime de l'homme et de Dieu, celui-là, le Messie, en ce jour si lointain maintenant, serait venu.

Il aurait dit qu'il était venu en tant que fils de Dieu, chair de son Amour. Il serait venu pour qu'il se fasse de l'amour. De l'amour entre les hommes et de l'amour vers Dieu. Il n'aurait eu que ce mot à la bouche : amour.

Nul, hors de l'Amour, n'aurait accès au divin.

Il y a amour, et amour, disent les froids ministres du culte qui n'entendent pas ce qu'ils disent. Parce qu'il n'y a qu'un mot, il n'y a qu'un amour. Il y est question de feu, de foi, de brûlante croyance, il est question de serment et d'éternelle alliance, de lumière et de joie. Et il n'y a qu'un nom pour désigner le mécréant ou celui qui trahit le pacte d'amour : l'infidèle.

Amour a ses extases. Amour a ses ténèbres, quand l'accès au divin est perdu, quand Dieu a suspendu sa grâce.

Amour, c'est toujours quand l'humain s'en va au divin, s'y risque aveuglément, car il ne sait rien, ni de la largeur, ni de la profondeur du divin, s'y livre absolument, s'y abandonne, corps et âme.

Mais comment se fait l'amour? Jamais entre les hommes, pas même entre les voisins, et les proches, pas même entre les frères, ainsi que l'aurait voulu le Messie. Là où il n'y a ni feu, ni foi, ni extase, ni serment, ni tourments, il n'y a pas amour. L'amour ne se risque que de l'homme à Dieu, de l'homme à la femme, de la femme à l'homme.

L'amour ne s'engage que de l'un à l'autre. Dieu est l'autre de l'homme (je veux dire de l'être humain). Femme est l'autre de Homme. Et finalement tout un, ou toute une est l'autre de l'un, ou de l'une. Et c'est ainsi que l'amour se veut, se cherche toujours entre deux, qui toujours sont autres et jamais mêmes tant qu'ils sont deux, et que leur différence ouvre pour chacun d'eux, chacune d'elles, l'espace merveilleux du désir.

Dieu est toujours le nom ultime, le dernier nom, celui que nulle ou nul ne peut dire, de l'Autre.

On ne comprendra rien à la différence des sexes, à l'être-femme, à l'être-homme, telle qu'elle se joue pour nous, si on ne voit pas qu'elle s'invente, se dit s'inculque et se fabrique pour l'amour.

Notre communauté c'est notre culte de la différence, notre culte de l'amour, où s'égarerait la différence.

N'est-ce pas de l'amour que nous attendons notre plus grand délice, n'est-ce pas lui qui nous donne nos plus blessantes, nos plus brûlantes épreuves ?

L'amour n'est-il pas notre chemin pour aller de l'humain au tout différent, au tout autre, au tout être, pour anticiper Dieu ?

Le sexe qui veut du sens, le sexe qui ne se peut animal pour les humains qui parlent, le sexe, de l'un à l'autre sexe, s'est entiché d'Amour.

Amour vient donner sens au sexe. Il vient à la place de Dieu, dont le nom s'efface, se tait, s'oublie...

Amour ne cesse pas pour autant d'être ce grand feu, foi et ferveur, qui toujours emporte les hommes et les femmes de l'humain au divin, et dont ils se languissent quand il s'éteint ou se dérobe. Mais ce n'est pas à Dieu qu'il se dit, ce n'est pas Dieu qu'il appelle du fond de son désir, c'est l'autre. L'autre de l'autre sexe. L'autre comme moi et qui pourtant fait toute ma différence.

C'est cet intime mélange de l'amour désiré et du sexe (ou de la différence des sexes, ce qui ne se distingue pas), mélange si homogène que nul ne peut prétendre avoir défait, que j'appelle Éros.

Éros est cette étrange religion (étrange parce qu'elle ne se connaît pas comme religion) de l'amour sexuel, où le divin se cherche tantôt du côté de l'homme et tantôt du côté de la femme, encore que tout différemment.

32

Comme si chacun était à la ressemblance d'un des deux visages de Dieu. L'un à la ressemblance de la Lumière, et l'autre à celle des Ténèbres. L'un à la ressemblance de sa Parole, et l'autre à celle de son Silence...

Dieu révélé, Dieu manifesté dans son autorité, sa puissance et sa gloire, Dieu dictant sa loi inspire l'idéal de la virilité, et marque son destin de redoutables exigences.

Être homme, c'est-à-dire parvenir à être aimé en tant qu'homme (et non pas seulement en tant que celui qui aime), exige une ambition si haute, vouée, si elle prétend se satisfaire, à tant de travaux (ainsi que ceux de Thésée ou d'Hercule), de luttes, d'épreuves, que certains renoncent avant l'heure. Non pas aux privilèges qui leur sont venus dans le monde social de cette parenté particulière au divin, mais à être aimés, j'entends sexuellement et amoureusement aimés, aimés dans leur être sexuel, leur être d'homme. Alors même qu'ils s'appliquent encore à la réalisation de leur être-homme, ils préfèrent en égarer la fin ultime tant elle est incertaine et son absence cruelle.

Serait homme éminemment, selon la langue d'Éros, celui qui se manifesterait dans toute sa gloire et sa puissance. Serait homme celui dont le nom se célébrerait. Serait homme celui qui aurait été au plus loin du courage, ou du savoir, ou de la vertu.

C'est le héros, le champion, le valeureux, le flamboyant qui ravira le cœur des dames.

Celui qui saura se distinguer par la hauteur de son mérite (ou même plus trivialement parfois de sa fortune), celui qui fera scintiller la suprême différence, celui-là sera reconnu dans son être. Celui qui brillera de gloire, de science (ou d'or), celui-là sera distingué, celui-là sera préféré. Érigé, il sera élu.

Au moins aux yeux d'une seule sinon de plusieurs, au moins aux yeux de plusieurs sinon de toutes, il sera le Seul, l'Unique, le Bien-Aimé.

Mais Femme est l'autre nom de Dieu. Dieu non pas révélé mais caché. Cœur noir de la Vérité, infiniment désirable sous le voile qui la couvre, secret de l'abîme, dont nous venons, où nous allons, ainsi Dieu se dit Femme.

En elle se contiendrait le terrible mystère du sexe, en elle prendrait sens le tremblement mystique du désir, la transe opaque et folle de l'orgasme, en elle s'achèverait l'absurde et irrésistible impulsion qui lie les générations aux générations.

Désir de voir au-delà de ce qui se voit, de savoir au-delà de ce qui se sait, de pénétrer outre ce qui se pénètre.

Désir de revenir, d'être repris dans l'antre sombre et chaude de l'ignorance. Désir de se perdre, de disparaître. Désir de vérité achevée, innocente.

C'est ainsi qu'elle est suprêmement désirée, silence des entrailles, secret de chair, secret de vie, si proche, presque tangible, promis et dérobé sous sa peau de lumière.

Mais n'est-ce pas pour ce visage de Dieu que nous brûlions d'amour, n'est-ce pas au Dieu caché que s'en allait la foi ?

N'est-ce pas toujours à Femme que va finalement le feu originel qui nous brûle et dont nous voulons nous-mêmes être consumés ?

Non, non, le partage n'est pas égal. Il est incommensurable. Ne parlez pas ici de justice ou d'injustice.

Quand c'est la vérité qui se cherche du fond de nos pauvres cœurs.

C'est qu'On nous a abandonnés, et que nous reviendrons, ainsi que le promettent toutes nos jubilations et nos larmes d'amour, à Qui nous a abandonnés.

Éros veut de nous l'intime mélange du sexe et de l'amour dans une indissoluble alliance.

Au point que le sexe qui se veut soustrait à l'amour se consume lui-même dans une ardeur atroce, désolée. Il se connaît comme une incartade, une rebuffade de dépit. Il a toujours, au fond, le goût noir, serré, de la méchanceté. Le sexe, hors du pacte, de la promesse éperdue vers l'autre, s'il brille parfois sauvagement, c'est de l'éclat impétueux et cruel d'une vengeance.

Au point que l'amour ne se peut sans la folie du pacte, de la foi jurée, du serment.

Ce qui veut dire aussi que l'amour ne se peut sans le risque immense de la trahison.

Quand je te dis que je t'aime, je promets absolument, absurdement. Je promets je ne sais quoi, je *me* promets, moi à toi.

Mon amour qui se dit est le geste même de la promesse.

S'il se pouvait qu'un jour je te dise que je ne t'aime plus, alors tu crierais à la trahison, et tu aurais raison.

Que celui qui n'aime plus ne s'avise pas de dire qu'il

n'avait rien promis, car celui qui l'aime encore pourrait bien lui arracher les yeux.

Et quand bien même il ne s'agirait que de sexe... Celui que la jouissance égare jusqu'en l'abîme du cri, n'a-t-il pas épousé l'autre (que peut-être, bien sûr il reniera demain) livrant sa gorge nue à la face du ciel, à la possible éternité ?

Même dans la brutale vigueur de la jeunesse, au temps de son ardeur inconséquente, irréfléchie, le sexe avait été envahi d'émois périphériques. Il avait retrouvé la mémoire engloutie, il avait désiré une mémoire à jamais fidèle. Il avait perçu dans une acuité si parfaite qu'elle était comme navrante, et qu'elle devait laisser d'inoubliables traces en effet, la douceur alanguie du ciel, l'odeur écrasée, extasiée des fougères, le chant d'un merle...

Même en cet instant, déjà, les larmes étaient venues.

Déjà, le secret du chagrin nichait au cœur du plus grand délice. Plus on s'était approché, plus grave se faisait l'épreuve de la distance.

Ce qu'on gagnait c'était pour le perdre. On jurait alors, les paupières closes, le corps encore tout éberlué du tremblement de la jouissance, phrase extrême mais inachevée, emphase démesurée, on jurait, les paumes pesant largement sur la bonne terre, qu'on se tiendrait à la hauteur de cette aurore, on jurait qu'on apprendrait cette ferveur par cœur. On jurait qu'on n'oublierait jamais qu'on avait juré...

Et pourtant l'autre se voyait à peine. Il s'éloignait sur son scooter pétaradant (bleu ? vert ? blanc ?) sans couvrir de la plus petite ombre, sans troubler de la moindre vague la rêverie superbe, arrogante, océane, que la jouissance avait ouverte auprès de lui.

Alors même que l'autre n'était pas aimé (au point qu'on savait bien qu'on ne l'aimait pas), c'est l'amour que le sexe se rappelait, c'est l'amour qu'il appelait éperdument.

L'amour est notre religion, mais qui ne se reconnaît pas comme telle. C'est qu'elle opère sans Église, qu'elle se pratique sans messes, sans pèlerinages, sans fusions rituelles des individus multiples et fraternels, sans effusions du peuple uni en sa croyance.

Religion qui ne se vit que de l'un à l'autre, dont la seule Église est l'intimité où se chante la foi, où se pleure le doute, l'abandon, où s'élèvent les prières, et dont les caresses, les regards, les sexes échangés sont les sacrements. Elle a sa foi folle, impossible, superbe, puisqu'elle veut l'un et l'autre, et l'un fondu, abandonné, absous en l'autre. Aussi folle que l'autre foi qui veut l'homme et Dieu et l'homme noyé en Dieu, annulé en tant qu'homme, transmué en toute vie, en toute lumière.

Religion de l'amour, où le désir ne sait peut-être trouver ici-bas son terme, sa satisfaction, son séjour béni, son ultime jardin.

L'amour a ses fervents, ses fous de Dieu. Mais aussi ses libertins. Et ses marchands du temple. L'amour a ses Judas. L'amour a ses sceptiques, ses philosophes athées, ses humanistes.

Certains se lassent de chercher celui qu'on ne peut cesser de chercher, celui qui ne peut se trouver au point où on n'aurait plus à le chercher. Ceux-là s'en vont courir les plaisirs et les ors de la vie, médisant de l'amour auprès des jeunes filles douces et brûlantes et des jeunes gens charmants. Ils disent que ce sont des histoires de bonne femme, que l'amour sert à l'oppression des femmes, à leur enfermement dans le couple, le foyer, les enfants. Ils disent que l'amour c'est pour les rendre dociles, servantes, aliénées. Ils disent que l'amour c'est l'opium des femmes... Et moi je dis que c'est tout le contraire, que c'est leur bastion de résistance inaliénable, que c'est leur puissance, leur splendeur... mais tout ça je le dirai plus tard ; inutile de m'échauffer maintenant d'une querelle.

D'autres craignent tant de le voir disparaître, dès qu'ils pensent l'avoir entrevu, qu'ils s'empressent de bâtir une chapelle de pierre où mettre leur idole ; ils se marient. Ils apaisent leur grande soif en actes pieux, en génuflexions et en cérémonies : ils épuisent l'amour en familles...

D'autres encore disent qu'on est toujours déçu, que le jeu ne vaut pas la chandelle, comme d'autres disaient que Dieu fait tout à l'envers, comblant les méchants et éprouvant les bons. Ils disent que les plaisirs et les joies ne pèsent rien auprès des larmes et des tourments.

D'autres enfin, les irréductibles de l'amour, qu'aucun chagrin n'a pu vaincre, qu'aucune trahison, qu'aucun abandon, qu'aucune usure ou putréfaction n'ont pu convaincre, restent jusqu'au dernier jour, debout, inquiets, dans l'union ou le célibat, amoureux de l'amour.

Ceux-là mêmes qui, au sein de l'alliance la plus profonde, la plus vive, ne se lassent jamais de s'acharner dans l'amour et de l'implorer, de s'enchanter et de souffrir, de rendre grâce et de gémir, envoûtés d'une lumière qui toujours au-delà se dérobe et ne se possède pas.

Quand on les interroge (comme s'il fallait apprendre par le détour de l'enquête, du sondage, des statistiques ce que tout le monde sait bien au fond), les gens répondent à la question : « Qu'est-ce pour vous que le bonheur ? » par : « L'amour ». Mais quand vient la question : « Qu'est-ce que l'amour ? » Ils disent souvent, le plus souvent : « Ça n'existe pas. »

C'est paradoxal ? Oui. L'amour est le plus grand des paradoxes. Il parie contre toute évidence, contre tout bon sens, encore qu'il parie *pour* le sens. C'est le seul bonheur qui mérite d'être attendu, et c'est un bonheur qui nous fuit. C'est le geste le plus audacieux de l'abandon d'une liberté, dont la liberté sort élargie, au lieu d'être amoindrie, mais c'est pour se donner encore.

Si on veut raconter un amour passé, une histoire d'amour, ça ne peut que finir mal. Nul n'habite l'amour comme l'enfant habite l'enfance.

L'amour est une passion, à celle du Christ attachée par mille et une ressemblances. L'amour nous malmène, nous tourmente, nous torture, alors même qu'il est aussi notre chant, notre ravissement, notre apothéose.

L'amour est aussi une croix, aussi un supplice.

Car ce qui se raconte de toute histoire d'amour (sinon cela s'annule au moment où ça commence, comme dans les contes de fées) c'est que l'amour manque au cœur même de sa plus grande plénitude. L'ardeur parfois défaille. L'amant dort. L'amoureuse s'ennuie.

Ténèbres. Abîmes. Un serment éternel se trahit. Il y a de l'inconstance, il y a de l'infidélité qui est pire que la mort. Comme si l'abandon cernait toujours l'amour. Avant, pendant, après.

Mais le plus grand paradoxe de l'amour n'est-il pas qu'il lui faille la distance pour anticiper l'union et la différence maintenue entre l'un et l'autre, alors qu'il ne rêve que de l'abolir ?

Comment jouir de l'amour sans s'y perdre, sans le perdre ? Comment se tenir dans l'amour ?

Il y a une religion d'amour. C'est Éros.

Il y a aussi de la différence sexuelle. Ainsi en a décidé Éros.

A tout homme Éros dicte son destin d'homme : tu devras conquérir l'amour d'une femme.

A toute femme Éros dicte son destin de femme : tu devras nourrir l'amour en ton sein et le garder.

Ce ne sont ni eux, ni elles, qui ont inventé ça. C'est Éros, c'est leur commune religion. Et plus profondément encore leur commune langue, et dans leur langue la pensée du monde, son ordre, sa signifiance, et le désir de l'autre.

Éros n'est-il pas ce dieu, comme Dieu, qui préside au partage du monde, qui le sort du chaos, lui donne sa lumière, son sens, sa configuration ?

Quand Éros s'inscrit au cœur de tous par la différence sexuelle, alors devient possible la pensée du monde et le désir de l'autre. Qui, hors d'Éros, hors de la différence sexuelle, pourrait penser la permanence et l'histoire, le foyer et l'aventure ? Sans Éros, qui connaîtrait ce que c'est que le Dedans, ce que c'est que le Dehors ?

Il est conquérant. Elle est gardienne, prêtresse de l'amour.

Dans la langue, dans l'ordre de la langue, les différences trouvent leur assise, leur confort, leur aise paisible. La langue est le lieu du bel équilibre. Éros énonce l'harmonie des sexes, leur flamboyante concordance. Éros ouvre en nous la pensée, le désir de l'harmonie elle-même, du suprême accord donnant à chacun ce dont toujours il manque.

Et vivre se fait de poursuivre la splendeur annoncée dans la langue d'Éros : la durée d'une perfection, le lieu achevé d'une harmonie.

Ainsi vivre est-ce toujours affronter la dysharmonie, la corriger, redresser les torsions et les torts, dire, agir, se taire, s'effacer, se battre ou se compromettre, caresser ou blesser, qu'enfin une concordance se fasse, sinon une harmonie : un repos, un séjour minimal, l'équilibre d'un moment.

Les querelles conjugales, les fulgurances de violence et de haine, sont un affolement de cette exigence et, curieusement, elles obtiennent un instant, un court instant, ce qu'elles cherchent dans l'aveuglement d'une panique. Elles finissent toujours par échouer sur une plage de stupeur blanche, une dissolution de la quête, une langueur stupide où les acharnés défaits reposent hébétés, côte à côte.

Cela ne fait pas l'harmonie certes, mais une sorte d'équilibre ; ou son équivalent.

Un équilibre n'est jamais qu'un équivalent d'équilibre. C'est ce qui fait qu'il y a l'Histoire, ou que les vies et leurs amours sont des histoires. Tout équilibre n'est qu'un déséquilibre suspendu, différé, n'est pas un équilibre mais vaut pour un équilibre.

Pour peu qu'il cesse d'être repris, corrigé, redressé, c'est effrayant, ça tombe.

C'est une catastrophe.

Il y a des catastrophes. Des morts par exemple. Et voilà les vivants menacés d'une égale catastrophe.

Les moments de grande effervescence, entre les êtres, entre eux deux ou eux tous, ou d'elles à eux, loin de constituer le déséquilibre lui-même, témoignent de la lutte pathétique d'un corps qui sent venir la catastrophe.

Il y a de la catastrophe dans l'air. L'indifférence gagne. La voix d'Éros s'étouffe, sa langue se brouille. Nos langues s'embrouillent, ne savent plus ce qu'elles disent. Un mou chaos se reforme. La lumière s'égare : ça ne se partage plus dans la pensée, dans le désir. Le féminin s'épuise dans le masculin. Le dedans se décompose dans le dehors.

Tout s'en va au-dehors, tout jeté, étalé, déballé...

La pornographie.

Ils disent que c'est grande audace, libération, ils disent, les porcs qui s'en engraissent, que c'est le progrès, la fin du péché et de la honte. Ils disent qu'ils pourfendent les anciens tabous du plaisir...

Pour sûr que ça rapporte. Qui ne serait atteint, remué quand s'expose, s'exhibe le sexe entrouvert des femmes sur la couverture des magazines ? Nous sommes faits d'un ordre ancien. Quand l'intime soulève son voile, quand la paupière se lève, quand le regard se donne au regard, quand l'invisible s'entrevoit, s'envisage, nous en sommes encore, jusqu'en notre moelle originelle, bouleversés.

Mais demain? Comment pourront-ils penser demain? et parler, et désirer?

Si l'intime se défait, si l'on assassine le secret, le caché, le dedans, le noir silence de l'origine et de la fin, le sang épais des entrailles, les viscères du monde, c'est la catastrophe. Le dehors n'est plus le dehors, plus rien n'est rien. Et ça basculerait dans le non-sens, la folie, l'aphonie, l'impossible réel, la non-pensée, le non-désir. Ce serait rien. De nouveau rien. Le chaos, les ténèbres.

Il y a des femmes qui ont une tête de linotte, des femmes qui n'ont plus leur tête à elles, qui se la laissent tourner par les mirages de l'époque, et crever les tympans de leurs si profondes et si belles oreilles dans la fureur déchaînée des décibels. Il y a des femmes, c'est drôle, qui perdent la mémoire.

Mais il y a les autres. Celles qui ont gardé leur tête à elles. Et la mémoire. Toute la mémoire. Je les connais. Elles sont la plupart. Elles gardent. Le silence et la vérité. D'elles bientôt, ils auront grande soif.

C'en est une à qui les autres disent qu'elle doit absolument le quitter, le laisser à son alcoolisme, à ses violences, prendre les enfants, et se sauver. Je le lui dis moi aussi. Je dis comme les autres, qu'elle se fait du mal, et aux enfants, et même à lui. Qu'elle ne doit avoir ni peur, ni pitié. On lui trouvera un gîte, du travail, on l'entourera d'affection. Elle nous écoute attentivement. Elle réfléchit. Elle dit parfois que nous avons raison. Mais elle hoche la tête, baisse les yeux, se tait. Le cœur a ses raisons.

Après les éclats, les scènes, les violences, elle pleure. Après avoir juré que cette nuit elle allait fuir avec les enfants, le haïr à jamais, ce qui n'a fait que redoubler son atroce fureur, soudain elle se défait. Elle n'a plus de jambes pour la porter, plus de tête pour penser ou vouloir. Une substance laiteuse, qui lui semble venir de la nuit des temps et pour la nuit des temps, envahit l'intérieur de son ventre, sa poitrine, ses épaules. Les larmes coulent. Hier ni demain n'ont plus de sens. Seule demeure cette mémoire d'humanité dans laquelle elle s'enfonce et se donne, agnelle sacrifiée,

extasiée. Elle consent à n'être plus que cette prière
nue :

Agnus Dei, qui tollis peccata mundi, miserere nobis.

Et voilà que lui à son tour se défait et qu'il lui prend
les mains. Lui à son tour qui pleure, et demande
pardon. Ne me quitte pas, dit-il, je t'en supplie, ne me
quitte pas, je te promets...
Elle lui ferme la bouche. Elle ne veut rien entendre.
Sinon cette rumeur de bonté et de douceur infinies.
Une prière a été exaucée. Une grâce est venue du ciel.

Ô Reine voici donc après la longue route
Avant de repartir par le même chemin
Le seul asile ouvert au creux de votre main
Et le jardin secret où l'âme s'ouvre toute.

CHARLES PÉGUY.

La grande différence entre le Dedans et le Dehors, c'est qu'au-dehors ça s'accumule, ça prolifère, alors qu'au-dedans ça s'habite, c'est tout. Le don et la dépense puisent à la même source. Cycle immuable de la naissance et du retour. La vie, seulement.

La roue s'est emballée. Ils se sont affolés d'Histoire. Une débauche incoercible de conquêtes, de découvertes, de changements, d'innovations. Ils ont dit, ils ont cru, peut-être, que ça avait du sens, du bon sens, ils ont dit que c'était le progrès. Jusqu'à cet emportement féroce des temps dont le contrôle évidemment leur échappe. Ce qui signifie qu'il leur a toujours échappé.

qu'ils ont été dupes de leur maîtrise. Que leur maîtrise n'était que le mirage du divin et qu'ils s'y sont laissé prendre.

Peut-être ont-ils pris à la lettre les fables de leurs mères énamourées...

Où est désormais la demeure, le séjour, la permanence ? Comme si s'était égaré le chemin du retour.

En regard d'une histoire pressée, pressante, agitée confiée aux hommes, les femmes ont assuré dans l'ombre non seulement la continuité de l'humain, mais la pérennité de la présence et des fruits de la seule jouissance.

On dit que politiquement les femmes sont conserva trices. Le drôle est qu'on s'en étonne tant.

Comme si Ulysse se pouvait sans Pénélope...

Comme s'ils avaient pu, tous autant qu'ils étaient, se jeter dans l'aventure incertaine des conquêtes, des violences et des guerres, dans l'excitante mais périlleuse épopée de la science et des techniques sans l'image secrète du possible retour, sans le rêve intact de paix où s'abandonner, sans se languir du beau jardin de la seule présence, du cœur ultime et achevé du monde, du sein de toute bonté de la femme aimée.

Il n'y a pas de Croisés sans Dames au château. Il n'y a pas de siècle des Lumières sans une Mère-Nature.

En ce partage ont pris sens les tâches particulières réservées aux femmes et qui ont trait au soin de l'humain, à son entretien, sa nutrition, sa réparation, à son premier, à son dernier bonheur.

En ce partage mûrissent aussi les vertus dont on les flatte ou les accable, les défauts dont on les plaint ou dont on se réjouit.

52

Pourquoi notre histoire exhibe-t-elle tant d'hommes, de chefs et d'empereurs, de philosophes, de musiciens, d'écrivains et de peintres, de mathématiciens, et si peu de femmes ?

C'est la question favorite des misogynes purs et durs, ceux dont la réponse précède la question, et que nul ne peut manquer d'entendre dès qu'ils la posent, ceux qui pour la garantie minimale de leur être d'homme voudraient tant croire à l'infériorité des femmes.

Mais c'est aussi la question tourment des humanistes de tout poil, hommes ou femmes. Ils s'embrouillent tant dans cette question, pourtant si simple quand on la prend par le bon bout, ils y étouffent tant qu'ils finissent par se précipiter sur des réponses aveugles, ou de si courte vue que ce sont des quasi-mensonges, de ces réponses qui pour évoquer la condition des femmes ne font jamais appel qu'à la répression des mâles dominateurs, à leur censure active, mauvaise et toute-puissante. Les hommes leur auraient de tout temps voulu du mal. Ils se seraient acharnés à les amoindrir, à les réduire au plus bas niveau possible d'humanité, à les dominer, à les exploiter, à les asservir.

Et elles n'auraient rien dit ? Auraient-elles été déjà si faibles, si désarmées, seraient-elles muettes et impuissantes ? et comme naturellement promises à leur condition de victimes ?

Nos bons humanistes ne manqueraient pas de s'indigner si on leur disait que leur réponse se ramène à celle des misogynes purs et durs. Et pourtant... N'est-ce pas être misogyne que de porter ce regard dévot, béat sur les hommes et ce regard misérable, apitoyé sur les femmes ? N'est-ce pas être misogyne que de ne connaî-

tre de richesses, de puissance, de valeur que celles qui
poussent du côté des hommes ?

Ils disent libération, mais ils pensent promotion.
Les consciences rétrécissent et s'indifférencient.
Elles reviennent au même ; au masculin. Ce n'est plus
l'un (ou l'une) et l'autre, vers l'autre, au nom de l'autre,
à son rivage, au feu de son intime demeure, à sa
lumière, non, c'est un (ou une) seul (ou seule) et contre
tous. A la guerre comme à la guerre. Chacun pour soi.
Et tout pour moi.
   C'est le grand nuage des ambitions moroses qui
étouffe la voix d'Éros.
   Dans les petites consciences idolâtres et sans feu, le
masculin étend désormais son monopole monotone.
   Quand les seuls biens convoités sont les instruments
ou plutôt, car cela suffit, les cocardes du pouvoir et de
la réussite sociale, la vaste rumeur se répand, se faisant
parfois clameur, ce qui ne change rien à sa fastidieuse
répétition, selon laquelle les hommes sont toujours les
gâtés, les pourvus, les nantis, et les femmes les dépour
vues, les brimées, les injustement punies.
   Pour peu que certaines tentent d'élever la voix loin
du morne discours, c'est presque peine perdue. Si une
femme parle ce ne peut être que pour se plaindre,
gémir, revendiquer. On les comprend, on les approuve
d'avance.
   Je disais : c'est merveille aussi d'être femme, c'est
indétermination, c'est liberté, jouissance, intelligence
de vérité, et eux, mais c'était souvent elles, me répon-

daient que j'avais bien raison de dénoncer le sexisme, que les femmes pouvaient valoir tout autant que les hommes. La preuve : Indira Gandhi, Golda Meir, Marie Curie, Clara Zetkin, Jeanne d'Arc, Mme de Lafayette...

On n'entend rien quand on a les oreilles pleines d'autre chose.

Moi, j'appellerais volontiers sexisme le mouvement qui tend à l'intégration d'un sexe dans un autre, les menaçant l'un et l'autre d'une commune dissolution.

Sexiste le désir de mutation, de réduction des femmes en hommes ou, ce qui est pire, en presque hommes.

C'est alors qu'on me considère d'un air stupide, qui peut tourner à la plus noire suspicion. Mais quoi à la fin, disent-ils, ne voulez-vous pas que la femme s'élève ?

Pourquoi l'entrée hardie dans la compétition, la lutte serrée du chacun-pour-soi et du tout-pour-moi dans la jungle sociale, la quête acharnée du pouvoir et des honneurs devraient-elles se comprendre comme un élèvement ?

Faudrait-il s'élever pour adorer le veau d'or ?

A quelle hauteur se trouveront les femmes quand elles seront enfin tout à fait amnésiques ?

Serait-ce la fin d'Éros qui s'annonce ? Autant dire la fin des temps, la fin de notre temps ?

Les ferventes, les secrètes et les obstinées ne peuvent y croire. Auraient-elles perdu la foi ? Auraient-elles cessé de donner à leur plus haut désir le visage de l'amour ? N'est-ce pas toujours de lui qu'elles attendent l'aventure extrême de vivre, de jouir, de penser ?

Si c'était le partage des tâches, des vertus et des manières attribuées à chacun des sexes qui décidait de ce que c'est qu'une femme, de ce que c'est qu'un homme, si c'était dans ces différences tangibles que prenait sens la différence des sexes, partant la dialectique amoureuse, alors on pourrait craindre la mort d'Éros.

Mais la langue d'Éros est inscrite dans l'intimité de nos chairs et ne se peut laisser troubler par les images incertaines qui accompagnent ce partage. La distribution sexuelle des fonctions respectives peut bien proposer certaines représentations particulières et contingentes de la nature-femme ou de la nature-homme, elles ne donnent pas à désirer, à jouir ou à souffrir. Les hommes peuvent bien caresser les bébés, se muer en nounous, en gazelles, et les femmes bottées envahir les Grandes Écoles et jouer au poker, Éros n'a que faire de ce plaisant charivari. C'est lui qui décide. Il se peut même que, lorsque auront péri dans l'ennui et l'amertume tous les mirages du pouvoir, lorsque se seront épuisées les flambées guerrières du chacun-pour-soi et du tout-pour-moi, il se peut qu'Éros apparaisse dans un éclat immense, jamais encore égalé...

Je les connais un peu ceux d'aujourd'hui, ceux qui arrivent, ceux qui ont vingt ans, car j'aime les interroger sur ces choses. D'abord ils disent qu'ils ne s'y jetteront pas tête baissée, qu'ils tourneront sept fois leur méfiance dans leur cœur avant de s'y plonger, parce que les querelles, le divorce, l'habitude ou l'ennui, très peu pour eux... Je dis que ce n'est peut-être pas si grave que ça, qu'on s'en remet ou qu'on peut s'y faire. C'est alors que je provoque la confidence indignée. S'habituer à la défaite, se coucher dans la mesquinerie ou la morosité? Quelle horreur! Je demande pourquoi. Ils le disent enfin, ils l'avouent plutôt, car ils ne sont pas certains que ce soit très convenable, très moderne, parce que ce qu'ils veulent c'est de l'amour, seulement de l'amour, un amour vrai, vivant; indestructible enfin.

Ce sont les jeunes filles qui les premières ont parlé, les joues rosies par l'audace, mais le front bien haut et le regard bien planté dans le mien comme pour un défi. Les garçons sont parfois un peu gênés, mais ils ne se moquent pas. Ils n'oublieront pas celles qui ont parlé.

Les trois jours précédant la communion solennelle les petites filles avaient été dispensées, pour ce qu'on appelait leur retraite, de suivre les cours du lycée. Trois matins de suite elles s'étaient donc envolées derrière monsieur l'abbé, immense et sombre, déployé en oiseau des cimes et qui ouvrait l'azur léger de juin de ses mains larges et hautes comme des ailes

Il est impossible maintenant de savoir où cela se passait. De toute façon, c'était dans un autre pays : c'était en enfance. Il y avait un parc, de l'herbe, des allées, et tout près une vieille demeure.

Elles s'asseyaient dans l'herbe. L'abbé leur parlait debout. Il s'agissait de devenir pure, extrêmement pure, pour la venue du Seigneur. Alors on serait inondée de lumière et embrasée d'amour. Cela se comprenait tout seul.

L'enfant baignait dans un ravissement vide, confondu à l'attente enchantée de la robe blanche Déjà il y avait eu deux trois essayages. Déjà elle devinait comment ce serait. Elle, mise au cœur de la limpidité. A l'origine de la grâce.

Peut-être n'aurait-elle pas dû tant rêver de la robe. Mais l'idée de la robe était inévitable. D'ailleurs ce n'était pas une idée, c'était le parfum béni de ces journées, une humeur merveilleuse de robe, simple et légère, une vapeur de l'aube au-dessus du long jupon de coton, sans dentelles ni fanfreluches, ni ampleur indécente... Quant au voile il irait jusqu'au sol et serait fixé sur un petit bonnet dont un seul revers encadrerait l'ovale du visage. Elle porterait aussi les chaussettes de fil et les chaussures neuves dont l'arôme de blancheur, de peau fraîche, arôme vif, pressant, inépuisable la charmait tant que c'était presque une douleur.

Tandis qu'elle écoutait le prêtre exalté par la beauté de son ministère, et se réjouissait de l'approche du Seigneur, sa songerie prenait un tour irrésistible et bien précis : une seule inspiration heureuse suffisait à la ramener auprès des adorables et naïves chaussures blanches. Quand elle aurait et le jupon et les bas de fil et la robe et le bonnet et le voile, quand elle serait toute bénie de blanc, alors elle glisserait les pieds dans les chaussures candides... Un luxe subtil fait d'effleurements de soie, de satin, de couleurs innombrables, joyeuses, joueuses, rieuses embaumait l'air, magnifiait le visage du prêtre et ses mains emportées vers les grands arbres du parc. La promesse du divin régal était si douce que le cœur manquait défaillir à l'aborder de trop près.

La veille au soir, on avait fait un dernier essayage. Elle ne pouvait lever sans honte les yeux sur son image dans la glace. Ne l'avait-on pas mise en garde contre le péché de coquetterie, péché généralement bénin, mais grave en un jour si grave, et péché menaçant toutes les petites communiantes écervelées et frivoles ?

Or elle pouvait bien tenir ses yeux baissés, elle ne pouvait suspendre l'émanation de suave blancheur qui naissait d'elle, montait, s'épanouissait, submergeait le cœur, tournait la tête. Comment aurait-elle pu empêcher l'expansion odorante du blanc, sa diffusion en vapeur de lumière, sa tension vers le plus pur encore, sa prétention irrésistible à la plus haute lumière ? Comment, mise au centre même du blanc, et quoique blottie, menue en son for intérieur, ne pas connaître une assomption de vierge ?

Des chaussures blanches, des chaussettes fines, des sous-vêtements, du tulle, du linon, des poignets cernés de blanc, l'odeur du blanc ne peut rester infuse : elle se diffuse, emportant l'âme. L'enfant ne peut qu'y succomber, abandonnée à l'ordre ancien des mains féminines qui fixent la ceinture, déplacent un pli, disposent le voile, soufflant leur haleine tiède, intimidante.

L'odeur du blanc qui s'épanche dans les murmures, les soupirs, les frôlements parfaits des étoffes est inévitable. L'enfant n'est plus que la nervure, la tige frêle d'une fleur de toute beauté et qui s'épanouit immense, bien au-delà d'elle-même.

Le blanc en quantité, en vastitude, en expansion, n'est pas une couleur. C'est une disposition de l'âme. Et plus encore, une transfiguration, une transsubstantiation.

Le blanc n'est pas une couleur, c'est une odeur infinie de sainteté. Ainsi en est-il quand tu entres comme par une haute porte dans une plaine enneigée. Approche d'absolution absolue.

C'est la plus simple, la plus nue des révélations qui se découvre, se propose, se donne. C'est la Révélation elle-même. Tu apprends de source sûre, intérieure ce que c'est que la naissance, et l'aurore, ce que c'est que vivre. Tu connais en t'avançant l'expansion terrible de la beauté, sa force fulgurante et sauvage...

Mais vais-je parvenir à donner à lire la blancheur, telle que tu l'as habitée, source, séjour, et aussi chemin de croix du féminin ? C'est tant que tu me demandes...

C'est drôle, je me dis tu... Ce n'est pourtant pas artifice. C'est que la distance est grande entre celle que le blanc a ravie et qui s'y est avancée, offerte, ouverte, « transparue », et moi qui dans cette aube encore noire de novembre cherche les mots, bois du café, ai froid aux pieds.

Toi qui entres dans le blanc, tu n'as pas mal à la tête, n'as pas froid aux pieds, ne cherches pas les mots. Tout au plus, avant de céder, avant de te laisser ravir et prendre toute, avant de te laisser conduire muette et extasiée, t'es-tu accrochée à moi dans un dernier sursaut, telle une noyée qui sent venir son heure, et m'as-tu suppliée de garder mémoire, de trouver les mots et les liens, pour revenir plus tard te tirer avec eux du fond de ta nuit de jouissance.

Ainsi je dis tu à celle que j'appelle du plus loin, la petite noyée de mousseline blanche, la chavirée d'amour au fond du blanc, la rêveuse du divin englouti, la petite communiante. Je dis tu à celle qui alors m'appela et que j'appelle maintenant... Vois, je te cherche et t'appelle. J'ai mis du temps, je sais, et pourtant je suis revenue te chercher comme je l'avais promis dès que j'aurais été libre...

Ce qu'il y a de fou dans mon geste d'écriture, ou plutôt d'impossible à convertir en raison, c'est la foi, le pari et le sens même de la prière que tu me lances du fond de l'enfance.

Tu dis que tout ce qui t'arrive, et n'arrive peut-être qu'à toi, est pourtant épreuve de l'humain, et ne vaut qu'en tant qu'épreuve de l'humain. Tu dis qu'il faut dire ce qui ne t'appartient pas en propre mais à toutes, sinon à tous. Tu exiges de moi le témoignage, la parole de vérité, et même, s'il le faut, le martyre. Mais ce que tu ne me dis pas c'est d'où te vient cette foi irréductible dans nos capacités infinies de jouir non de soi mais de l'humain, de connaître à travers soi (dont on ne connaît rien) l'humain, et seulement l'humain... D'où tiens-tu que ce qui est en chacun est aussi en tous, que chacun est à même de reconnaître en lui, quoique empêchées ou contenues, cette douceur particulière, cette violence, cette bonté, cette méchanceté, cette force, cette faiblesse ? Sans cette conviction première et indémontrable mon entreprise d'écriture n'aurait aucun sens. C'est le seul sens que je puisse lui donner. Il n'y a pas de preuve. C'est un pari. La passion du sens de l'écriture.

Tu ne me dis pas non plus pourquoi il faut si impérieusement donner ce qui a été reçu, transmettre à l'humain ce qui est épreuve de l'humain, pourquoi il est si nécessaire de dire, de faire savoir, d'écrire. Pourquoi il faut rendre grâce à la grâce... Tu vois, il y a de la foi bien avant la raison, l'intérêt, le plaisir.

Ainsi, tout en admettant que la disposition d'une femme à l'amour — qui est aussi manière de se faire femme — puisse se connaître ailleurs que dans l'exhalaison de la blancheur, tu ne crois pas que cette disposition te soit personnelle. Tu crois que l'attente de l'amour est antérieure, qu'elle a son mouvement, son ambition, sa forme, bien avant que d'être révélée. Tu crois qu'il y a un « désirer-femme », ou, ce qui revient au même, un « être-femme », dont tu n'es que le transport, la chair et le mot, la phrase particulière.

Tu crois que le bonheur du blanc était bonheur de fiancée à l'aube de ses noces, que cela se connaissait d'avant, s'anticipait du fond de sa nuit d'enfance. Ne s'était-elle pas déjà, très petite fille, et à plusieurs reprises, emparée d'un drap blanc qu'on avait mis au soleil sur le rebord de la fenêtre, s'en faisant devant la glace une longue robe de candeur déployée, un voile d'adorable pureté, à l'épreuve de ce que serait être femme et se présenter à l'amour ?

Comme c'est difficile de franchir novembre, ma savante et scrupuleuse maturité, et de revenir là-bas, dans l'innocence de la nuit de juin... Pourtant il le faut. La blancheur, telle qu'elle se goûta là-bas jusqu'à l'angoisse, la défaillance, la nausée d'une ultime dévotion est un petit œuf lisse et fragile, mais qui nourrissait le plus grand et le plus puissant secret. Un œuf de vérité.

La nuit d'avant vint donc, tant attendue, et ses yeux vifs grands ouverts dedans. Les pensées dansaient, sautant de l'une à l'autre, des chaussures au voile, du voile à l'ordre répété de la cérémonie, des cousins invités aux voisins à qui elle offrirait sa grâce, des roses du jardin, dont le parfum montait jusqu'à sa chambre, aux images étranges, emportées de l'abbé, de l'abbé prophétique, qui grandit dans la nuit, jusqu'à l'entraîner toute dans les pans de la sombre soutane. La voix forte du prêtre qui dit, commande et veut infiniment, vient habiter la nuit, l'envoûter, l'emporte dans une vague ascendante et large de passion. Je suis belle, dit l'enfant, s'avançant dans la nuit vers le pasteur amoureux de son troupeau d'agnelles, mais il a ses préférées, il le nie, c'est peine perdue, elles savent tout de cela, mieux que lui, les plus aimées étant celles dont le petit cœur est déjà tout nourri de ferveurs, de fureurs et de flammes, il voit ça dans leurs yeux, ce n'est pas difficile, elle aussi, l'enfant, elle voit quelles il aime, ce sont les mêmes qu'elle, les amoureuses, mais pas tant qu'elle qui est la plus belle, celle dont la robe sera la plus belle, la plus simple, la plus nue, n'est-ce pas, l'abbé, que vous en serez bouleversé d'amour et de joie au point de voir Dieu sur mon visage ?... Non, non c'est trop de pensées peut-être coupables, sa beauté va se ternir d'une ombre, Dieu va réserver son amour, l'offrir à une autre, la plus innocente, celle qui dort maintenant au lieu de penser à sa robe, la plus humble, la plus ravissante... Comment se dévêtir de toutes ces pensées de vanité, s'en remettre dépouillée à la prière, mon Dieu, aidez-moi, ayez pitié de moi, prenez-moi, ne suis-je pas votre enfant qui vient vers vous ?

Il lui faut se lever, s'agenouiller au pied du lit. Mais son cœur bat atrocement. Aidez-moi à supporter cette insupportable joie... Oh ma gorge embrasée, écartelée de joie ! Oh ma robe blanche, et mon voile, voile de mon navire offert à son océan d'amour... Mon Dieu, secourez-moi, regardez-moi, l'abbé, regardez comme je suis belle, offerte et innocente, pitié, prenez ma joie car je sais que l'odeur pesante et pétrifiée de siècles d'encre de la soutane préfère entre toutes mon odeur évaporée de linon frêle, mon odeur de beauté, ma divine transparence, ma virginité, avouez que vous m'aimez...

Ne soyez pas coquette, dit le prêtre, c'est la beauté de votre âme que veut le Seigneur...

Est-ce péché qu'être tant aimée de Dieu qu'à son bord, elle le sait, elle le sent, il sourit, et se réjouit, et jubile de toute son aise divine ? Est-ce pécher devant Lui, puisqu'Il désire les atours adorables de la robe et du voile, cette efflorescence enchantée du blanc, cette réjouissance de l'âme toute ? Oh ma robe, mon voile, mes chaussures, mes petits gants... Elle avait oublié de penser aux petits gants, et à la pression ronde comme une perle qui permet de ceindre la finesse du poignet, quel régal, quel miracle de vivre maintenant, et de pouvoir presser demain le petit bouton des gants blancs... Mon Dieu, je suis frivole et misérable, pardon, pardon, mais Dieu sourit encore de la charmante humilité à laquelle si dévotement elle s'essaye...

Et elle s'endort enfin dans l'inévitable préférence de Dieu.

Vint enfin la cérémonie ; encore qu'il soit impossible de dire comment, tant est grande la distance entre la fièvre de la nuit précédente et l'accomplissement du désir, la reddition à la lumière. Curieusement il ne peut s'en dire grand-chose. Sans doute parce que ce fut entière réflexion de lumière à partir d'un centre devenu aveugle. Vapeur de clarté s'épanchant de toute part au-delà du regard dévoué et aboli en elle. Humiliation si entière de l'enfant que c'est hébétude. Elle ne connaît plus d'elle que l'ondulation céleste du voile qui la couvre et suffit à la définir. Elle s'en remet à Celui qui va venir. Elle s'avance dans la nef, pouvant à peine chanter tant l'accable la beauté du chant qui la porte, perdue, menue, irréelle dans l'océan frémissant des voiles. Mais n'est-ce pas aussi qu'elle est certaine d'être l'unique, l'élue, la bien-aimée, celle à qui va l'immense prédilection de Celui qu'elle attend ? Comment concevoir que le Seigneur s'applique à ravir toute autre âme comme il ravit la sienne ? Ces chants sont ceux de sa noce. Comment pourrait-elle, elle, chanter parmi les voix qui chantent et enchantent sa propre noce ?

Elle s'avance dans une passion de sacrifice. Non, cela ne peut se dire autrement. C'est bien au plus haut sacrifice qu'elle se rend, qu'elle s'en va, s'offrant toute à tout ce qui se peut, mort comprise. Elle s'offre à la possible mort.

Car ce qu'elle veut, c'est beaucoup plus qu'une nourriture, une jouissance, un délice ; elle veut être pénétrée, pourfendue, elle veut un glaive. Et elle se porte au-devant de Lui, livrant sa gorge simple, son front vide, ses lèvres d'enfant, ainsi que s'offre à Dieu la poitrine dénudée du Christ, son enfant. Car il se pourrait qu'en ce lieu, en cet instant qui vient, ils ne soient plus qu'Un, l'humain et le divin, la sacrifiante et le sacrificateur, la ravie et le ravisseur, pour un miracle d'amour achevé.

Agenouillée devant le prêtre qui lui tend l'hostie, elle voit — adorable et terrible proximité — sa main qu'elle reconnaît jusqu'à la défaillance, main éclatante de chair et qui s'approche de son visage, main unique et large et puissante, et qui avance son souffle de vie brûlant jusqu'à l'antre des lèvres montrées, ouvertes, de l'enfant...

Voilà Sa voix. Sa voix pour elle, Sa voix venue de haut, et qui la reconnaît, elle enfin venue, l'élue, la bien-aimée, et la pénètre, elle, elle toute, elle toutes elles, Sa voix enfin, organe même de la divine consommation.

« *Corpus domini nostri custodiat animam tuam in vitam aeternam.* »

Elle n'est plus.

Certes ce n'était pas amour. L'autre manquait. Il ne pouvait y avoir là ni événement, ni épreuve, ni aventure. C'était seulement disposition entière à l'amour, dans le geste de l'offrande et d'une attente illimitée.

Et tu avais pensé que les garçons, frères ou cousins, ayant eu à faire leur communion solennelle, n'avaient pu entrer dans cette euphorie de la dissolution de soi, cet abandon délicieux à la transparence, cette anticipation enchantée du désir pénétrant de l'autre. Bien sûr tu pensais surtout à la robe, au voile, qui leur seraient à tout jamais interdits. Le brassard blanc dont on parait les garçons pour la cérémonie effaçait la diversité des costumes, les ramenait au principe de l'uniforme. C'était alors un défilé, une troupe réglée de communiants. Très loin de l'efflorescence multiple, légère des petites communiantes. On les sentait surtout conviés à une discipline. Ce n'étaient pas tenues de fiancés, c'étaient tenues de petits soldats. Déjà ils en avaient la raideur, la réserve, et cette humilité particulière de ceux qui vont en rang, consentant à l'ordre qui les dépasse.

N'était-ce pas cérémonie initiatique des sexes que cette communion solennelle ? Le corps du Christ embraserait d'amour le cœur des petites filles, et mettrait dans celui des petits garçons le secret de la force et du courage.

C'était partage sans hiérarchie, différenciation sexuelle sans inégalité repérable. Seulement différence. Et au-delà, du sens.

Non qu'à l'embrasement amoureux les femmes soient plus conviées que les hommes. Il n'y a qu'une langue d'Éros et c'est bien ainsi que tous l'entendent. Amour est pour tous le bien ultime, et il ne se peut souverainement que dans la réciprocité.

C'est du même paradis qu'ils se languissent, dont ils pleurent l'absence ; qu'ils en croient l'avènement possible, ou qu'ils décrètent la vanité de ce désir.

Ce serait l'enlacement indéfini des paroles des regards des rires des caresses. Chaque événement, chaque rencontre, chaque instant, chaque épreuve même serait un fruit de connaissance délicieux, un fruit d'éternité.

Non ce n'est pas l'idée qu'ils se font du jardin béni, son ordre, sa lumière, sa beauté, qui distinguerait dans la langue d'Éros les hommes des femmes. La différence tient à la manière dont Éros les achemine vers l'amour, les y apprête, les y dispose, les y convie.

Si à la fin on pourra oublier la différence, se jouer d'elle, la dépenser sans l'épuiser, la gaspiller joyeusement et indéfiniment dans l'espace ouvert de la toute liberté, n'aura-t-il pas fallu avant consentir à l'ordre d'un sexe, à sa disposition particulière vis-à-vis de l'amour, au destin propre de chacun dans la préparation des noces ?

Femme, c'est à toi que va le désir, que va tout désir. Garde-toi pour l'amour, garde l'amour, amoureuse même avant l'amour, amoureuse de l'amour, toujours en instance d'amour, en désir et disposition d'amour. Réjouis-toi, car tu détiens le filtre et le secret. Réjouis-toi car tu as été choisie pour être dans l'amour et y demeurer.

Homme, acharne-toi à te faire aimable, affirme ton être et ta personne jusqu'à briller d'un éclat incomparable. Alors Femme s'ouvrira à toi, et tu la mettras en feu d'amour, et tu seras baigné, noyé dans son vaste secret et ce sera délice, délice inouï. Homme, réjouis-toi, car si c'est elle qui détient le secret, qui garde l'amour, c'est toi qui mets le feu, c'est toi dont le désir embrase, c'est toi qui fais l'amour.

Ce n'est pas moi qui parle. Ce n'est pas moi qui invente ça. Je ne fais tout au plus que répéter ce que j'ai cru pouvoir déchiffrer dans leurs livres, dans leurs poèmes, dans la parole de leurs désirs ou de leurs plaintes. Ce que j'ai cru pouvoir déchiffrer à même mes propres paroles, bien sûr. Je me suis toujours si fort laissé porter par ce qui se dit à travers moi, j'ai toujours été une enfant si docile à la parole des autres, j'ai toujours été si accueillante, consentante à ce qui se disait de l'amour, que ma parole ne peut valoir que

71

comme transcription, ou traduction de ce qui se dit avec insistance partout, toujours, et que j'appelle la langue d'Éros. La mienne peut être fragmentaire, maladroite, mais je la crois fidèle ; au moins habitée d'un grand désir de fidélité.

Si je crois qu'hommes et femmes sont fabriqués, et se fabriquent, différemment en attente immense d'un même amour, je crains que l'amour ne se puisse presque pas ou presque jamais.

Mais si, par miracle, ou folie, il se fait, alors il n'y a plus ni homme ni femme. Deux qui s'aiment ne peuvent que gagner toutes les dispositions à l'amour, la féminine et la masculine, l'enfantine, la paternelle, la maternelle, celle de l'initié et celle de l'initiateur, celle du maître et celle de l'élève, celle de l'animal et celle de l'homme, celle de l'homme et celle de Dieu...

C'est peut-être à cause de cette interminable liberté que l'amour échoue toujours à se raconter. Et peut-être à se vivre.

Seules se racontent les histoires d'amour impossible, ou empêché, ou jusqu'au point où on entre dans l'amour. Après ne se peut plus raconter que la séparation. Ou la mort. Les plus belles histoires d'amour finissent mal.

Pourquoi le romancier ne peut-il raconter l'histoire d'un amour heureux ? D'un amour qui occuperait les jours, les nuits et le cycle des saisons, dans l'audace et l'exigence entière de son commencement ? Pourquoi (c'est une question sans doute très voisine) l'amour manque-t-il tant effectivement, et se peut-il si rarement ? Quand on se met à l'écoute de ce qu'ils disent, les uns et les autres, les hommes et les femmes, ceux si nombreux à qui l'amour a manqué, et manque encore, on peut remarquer que c'est toujours l'autre qui est accusé. C'est l'autre qui n'a pas pu, pas voulu, pas osé. La déception prend les accents de la plainte ou du ressentiment. Et là, de nouveau, là où il n'y a pas amour, pas encore, la différence sexuelle se manifeste. Il y a une plainte masculine de l'amour absent, il y a une plainte féminine. Et c'est différemment qu'ils répondent à l'amour absent.

Si l'amour manque c'est aussi qu'il s'évite autant qu'il se convoite.

L'amour est redouté autant que désiré.

Éros ouvre le champ inquiétant d'un autre espace que celui de l'ordre, de la règle, de l'équilibre et de la sagesse. Ici il est question d'édification de soi, de conduite réglée et avantageuse, de profit social ou de valeur morale. Là c'est le domaine du feu, de la dissolution des ordres et des limites, du don, de l'abandon de soi. L'amour, coupable ou non, sera transgressif. C'est ce que dit Éros, notre Éros. Il débordera de la prière du mystique, l'engloutira, l'anéantira. La fière princesse se voudra la servante de son bien-aimé, et le plus arrogant des maîtres déposera toutes ses armes aux pieds de la femme aimée. Qu'on ne me demande pas si cela se peut. S'il se peut que toute fierté soit abolie, toute arrogance défaite, je ne sais pas. Je sais seulement que c'est ainsi que l'amour se dit, se figure dans les livres, les poèmes, les chants d'amour et les chansons populaires ; et c'est ainsi que chacun l'entend. Et peut s'en effrayer.

Car chacun sait très bien ce que c'est que l'amour, ou plutôt ce que ça serait. Ce n'est pas comme au marché, chacun son goût, ou devant les urnes, chacun son opinion, c'est tout le monde pareil. Pas besoin d'avoir lu *la Princesse de Clèves* ou d'aller régulièrement à l'Opéra pour entendre et reconnaître ce que c'est que l'amour ; ça tient dans la moindre chanson d'Édith Piaf. Ce qu'on ne sait pas c'est si cela se peut, si cela doit être voulu. Céder à ce point, se rendre, se défaire, s'embraser à ce point...

L'amour, dit Éros, est ce qui se rit de la bienséance, de la sagesse, de la raison et du confort. L'amour est une impertinence, une aurore déchirante, un bonheur insupportable car nul n'en peut éprouver toute l'immensité. L'amour est à n'en pas douter, au point que chacun le sait avant même de s'y risquer, l'expression de la plus grande menace. Tout peut s'y défaire de ce qui s'édifie par ailleurs, de ce qui se convoite des richesses du monde.

Pour un, pour une que j'aimerais ne perdrais-je pas tous les autres, toutes les autres, mon avenir, mon travail, mon repos ? Ne me faudrait-il pas surtout renoncer, quelle frayeur, quel abîme, à mon intime forteresse, mon centre de froideur, mon noyau secret de marbre, impitoyable, insensible, farouche ? Elle

fondrait je le sais et j'en tremble, au feu sans concession de l'amour, la glace fière, superbe et forte de ma
sauvagerie...

Quand l'exigence virile du chacun-pour-soi-et-du-
tout-pour-moi se fait plus aiguë, plus pressante, quand
elle atteint les femmes sous le visage enjôleur de
leur libération, promotion individuelle et affirmation de soi, comment ne pas fuir l'amour comme la
peste ?

En ce temps où la crainte est sans doute le sentiment
dominant, vivre consiste d'abord à se préserver de
toute part, à redoubler indéfiniment les protections,
les garanties, les assurances et autres comptes en
banque. Et l'amour, dépense sans réserve, sans
contrôle, sans pare-feu, sans pare-douleur, sans pare-
panique, sans pare-détresse, se situe du côté du plus
grand danger.

Ce qui n'empêche personne de continuer à rêver, et à
se languir désespérément des bleues vastitudes de
l'amour, de ses incomparables suavités, de son miel, de
son or, de sa chair bénie !

Mais est-ce qu'on ne pourrait pas rédiger un contrat
préalable, limiter les risques, concevoir des dédommage-
ments en cas de perte, engager l'amour sous réserve
et condition ?

Non, on ne peut pas, malheureusement, ou heureusement, je ne sais ; ça ne marche pas. L'amour ne se peut
avec des oui-mais. Il ne s'aborde et ne se connaît et ne
se jouit que dans le oui. Oui, seulement oui.

On veut le beurre et l'argent du beurre. Pas étonnant qu'alors le beurre soit rance. C'est à prendre ou à laisser ; pas à négocier. Je le sens bien.

Ne vaudrait-il pas mieux renoncer à l'amour une fois pour toutes ?

Il n'est pas certain que cela même se puisse. Il y a des morts qu'on ne peut pas vouloir : mort d'asphyxie, mort d'angoisse. C'est impossible.

Il y a l'ordre de soi au-dehors, partie et reflet de l'ordre du monde et il y a le désir du désordre au-dedans, il y a l'édification de soi au-dehors, sa figure, son style, son pouvoir et il y a, par l'amour, sa ruine brûlante et douce au-dedans. Si l'un ne s'allie pas à l'autre dans les cérémonies secrètes de l'amour alors c'est tyrannie froide de l'individu confondue à celle de l'État. C'est aliénation sans recours. Vivre n'a plus d'autre sens que ne pas mourir.

Parler d'amour, affirmer l'exigence incontournable de l'amour, mais aussi m'y risquer ; je sens là, plus qu'une exigence morale ou politique, la force d'un destin auquel Éros m'a vouée et consacrée, moi femme, et contre lequel je ne peux rien. Je m'avoue incapable de sortir de la langue d'Éros, incapable de fonder ailleurs ma vie qu'en cette place qu'Éros m'a assignée.

Ce n'est pas moi qui ai décidé de ces choses. Ce n'est pas non plus la phallocratie, qui, bien que réelle, ne se comprend que comme émanation du pouvoir social détenu par les hommes. Et cela alors même que la phallocratie étend insidieusement son empire jusqu'à investir les consciences et les appétits féminins.

La langue d'Éros ne fonde pas l'inimitié des sexes mais leur différence. Et l'amour auquel chacun des sexes est convié par une voie qui lui est propre s'envisage comme le jardin ultime où se déferaient enfin les différences non par réduction à une identité commune, mais dans l'effacement de toute identité ; épreuve partagée de l'autre en soi et du plus qu'humain dans l'humain.

Si je ne vois pas pourquoi j'aurais à me départir de la langue d'Éros, c'est sans doute qu'il m'est impossible de concevoir comment je le pourrais. C'est comme si on me demandait de penser avec une autre chair, avec une autre mémoire, de désirer, de faire avec un autre langage.

D'où peut bien venir ce délire paranoïaque selon lequel les hommes auraient tout manigancé pour l'assujettissement et l'oppression des femmes, et même la langue, et même la pensée ? Oui, je dis que c'est un délire, non que j'aie la moindre preuve à fournir à l'encontre de cette idée, mais parce que c'est une idée qui ne peut que m'enfermer dans la plus radicale folie. Ce serait une tyrannie sans issue, qui m'interdirait de prétendre à la moindre parole, à la moindre pensée. Les hommes encore penseraient par ma tête et parleraient par ma voix. Si l'on cherchait une idée forte pour l'oppression radicale des femmes et leur absolu

77

silence, c'est à celle-là à n'en pas douter qu'il faudrait avoir recours.

La langue d'Éros ne peut se penser que comme notre langue commune. Celle qui nous veut du bien en nous voulant ensemble.

Pour eux, l'amour est à conquérir. A ravir par la séduction, ou, plus gravement, à emporter par le mérite.

Pour elles, l'amour n'est pas à conquérir, il est à déployer, comme expansion indéfinie d'elles-mêmes. L'amour constitue leur forme ; forme indéterminée de l'ouverture et de l'attente ; disposition entière, mais vague, à accueillir l'amour, à l'exhaler, à le répandre.

Ainsi dit Éros, à l'aube de nos vies. C'est en nous promettant le jardin d'une jouissance demeurant à jamais aussi vive qu'en sa source que nous consentons à accomplir en nous le masculin ou le féminin.

Et cela se peut à l'inverse du sexe biologique. Qu'importe en effet ? L'intelligence du masculin et du féminin demeure à jamais vivante en chacun, qu'on se soit voulu en position masculine ou féminine vis-à-vis de l'amour. Le féminin et le masculin en tant que dispositions particulières à l'amour ou vers l'amour ne cessent de garder en chacun leur sens fondateur et indépassable.

Une femme sait autant qu'un homme ce qu'est un

destin amoureux d'homme, un homme sait autant qu'une femme ce qu'est un destin amoureux de femme Au point qu'un homme peut se mettre en disposition féminine d'amour, et une femme en entreprise masculine d'amour. Alors on dira de celui-ci qu'il est féminin et de celle-ci qu'elle est masculine. Mais on le dira un temps, un jour, une heure, car pour peu qu'on s'approche on verra qu'il, ou elle, connaît tout de l'autre position vis-à-vis de l'amour, et qu'en s'en écartant il la fait jouer et vivre dans son désir.

Oui, ce que je dis est grave, puisque je dis qu'il n'y a pas d'inimitié originelle entre les hommes et les femmes. Je dis que cette idée souvent proférée tantôt par des bouches masculines, tantôt par des bouches féminines n'est pas une idée, car non seulement elle ne donne rien à penser, mais aussi parce qu'elle ne se pense pas elle-même. Elle vaut pour un refus de penser, pour un renoncement à penser ce qui est en effet difficile à penser.

Les hommes et les femmes profondément s'entendent ; non seulement parce qu'ils parlent et pensent dans la même langue, mais aussi parce qu'ils désirent dans cette même langue, selon les figures obligées, quoique interchangeables, du féminin et du masculin, dans la quête ou l'attente d'un même lieu de jouissance.

Alors pourquoi tant de querelles et de conflits, d'accusations et de mépris ?

En répondant, en espoir de l'ultime jouissance, aux

80

figures du masculin et du féminin, en les intériorisant dans le corps sexuel, au point de s'identifier à elles, les hommes et les femmes se constituent des territoires propres, donnant lieu à l'émergence de savoirs et de pouvoirs particuliers. Parce que le féminin trouve son ancrage privilégié dans l'intimité, le foyer, la présence immédiate, le corps à corps le plus proche, c'est-à-dire l'enfant, les femmes ont constitué certains modes de connaissance, développé certains types de puissance, qui, lorsqu'ils prétendent valoir pour tout savoir et tout pouvoir, représentent bien une menace, ou se présentent bien comme un défi ou une résistance à ceux que les hommes ont échafaudés de leur côté, à l'extérieur, sur la scène sociale.

Il est vrai que les pouvoirs constitués sur la scène sociale se cumulent, s'amplifient de génération en génération, tout pouvoir nouveau, qu'il soit scientifique, technique, économique, se découvrant comme l'instrument de nouveaux pouvoirs, et qu'ils finissent par empiéter sur les pouvoirs établis dans l'intimité, qui s'ils se transmettent de mère à fille, s'ils demeurent bien dans la tradition, ne se cumulent pas pour autant, ne fabriquent pas de nouveaux pouvoirs. Un pouvoir domestique, conjugal, maternel, peut être immense mais il ne s'augmente pas, il ne donne pas lieu à l'apparition de nouveaux pouvoirs. Il s'efface avec celui, ou plus généralement celle, qui en use et avec ceux qui en portent dans leur chair les traces encore vivantes. C'est chaque fois un pouvoir qui se gagne et se perd, se fait et se défait.

Là où d'anciens pouvoirs se voient menacés, certaines femmes engagent une lutte, qui peut être conçue comme une résistance à l'envahisseur.

Ici, où de nouveaux et multiples pouvoirs surgissent, d'autres femmes (rien n'interdit d'ailleurs que ce soient les mêmes, nombre de femmes ayant désormais un pied dans le pouvoir de l'intimité, un pied dans le pouvoir social) luttent pour la maîtrise et le partage de ces pouvoirs avec les hommes.

On admet sans doute un peu trop vite que ce sont des femmes qui luttent contre ou avec des hommes. Est-ce bien aux hommes qu'elles ont affaire ? A ceux qui ont le pouvoir ? Et les autres, les plus nombreux, ceux qui n'ont aucun pouvoir, ni scientifique, ni technique, ni économique, ni même sexuel ? Sont-ce des hommes ou pas ? Dès qu'on sort de la référence strictement biologique, de l'identité sexuelle physiquement repérable, il est bien difficile de savoir de quoi on parle. J'ai beau chercher, je ne vois pas comment je pourrais dire ce que c'est qu'un homme, ce que c'est qu'une femme. Impossible de dire par exemple un homme c'est celui qui a le pouvoir ou qui veut le pouvoir. Une femme c'est celle qui n'a pas le pouvoir ou qui n'en veut pas. Tant d'hommes n'ont aucun pouvoir, tant de femmes en demandent. Et ceux-ci qui n'ont pas l'air d'en vouloir, et celles-là qui n'en manquent assurément pas... On aimerait tant que le partage soit simple et pouvoir dire, voilà ce que c'est qu'un homme, voilà ce que c'est qu'une femme, voilà ce que pense et comment pense un homme, voilà ce qu'il désire et voilà ce qu'il craint. Puis on dirait, pour les femmes c'est autrement et on dirait ce que c'est...

Je sais trop pour m'être hasardée dans ce chemin

combien il éloigne du réel et finit par interdire de le penser.

Bien sûr, il y a des hommes et des femmes. Bien sûr, ils s'affrontent en de multiples lieux, au-dedans et au-dehors. Mais c'est en tant que représentants de certains pouvoirs, occupants usufruitiers de certains territoires que la tradition leur a concédés. Que les femmes accèdent à de nouveaux pouvoirs au-dehors, commandement et décision, qu'elles aient de plus en plus, et peut-être exclusivement, la maîtrise de la procréation, qu'elles soient assurées d'obtenir le même type de formation et d'éducation que les hommes, et nous serons incapables de définir les hommes et les femmes comme cela se fait habituellement.

Je ne sais s'il y a lieu de se réjouir sans réserve de ce mouvement déjà si affirmé, mais je suis certaine qu'il n'y a pas lieu de le déplorer sous prétexte qu'il porterait atteinte à la différence sexuelle, qu'il déferait nos paysages intimes du féminin et du masculin, qu'il abolirait l'espace du désir sexuel, qu'il étoufferait peu à peu l'attente, l'aventure, l'épreuve d'amour.

Ce n'est pas dans ces lieux si mouvants, dans ce partage si contingent des pouvoirs que prennent sens la différence sexuelle et les figures profondément inscrites dans nos corps désirants du féminin et du masculin.

C'est dans la langue d'Éros, celle que susurrent les mères à leurs petits, celle des contes et des images, du cinéma et des chansons, celle dans laquelle on apprend que la grande affaire c'est l'amour. C'est dans cette imprégnation première que trouvera sens et forme la sexualité, qui dans les premières années de la vie se meut indifférenciée et vagabonde, encore loin du tour grave ou éblouissant qu'elle prendra par la suite, épreuve cruciale de l'humain saisi au croisement de l'animal et du divin.

C'est une adolescente de quatorze ou quinze ans, un après-midi d'été. Il fait chaud. Les fenêtres sont ouvertes, les stores baissés.

Elle est venue dans la chambre du père (qui est aussi la chambre où la mère mourut deux ou trois ans plus tôt, qui est aussi la chambre où elle dormit petite fille quand c'était la guerre). Elle a pris un bain, pour se rafraîchir, pour sentir bon, pour rien ; puis elle est venue là, rêveuse, errante, dans le grand peignoir blanc qui sert à toute la famille.

Pourquoi là plutôt que dans sa chambre ? On ne sait pas ces choses, surtout quand on est si jeune, que c'est l'été et qu'on n'a rien à faire. A cause d'une pénombre plus douce, d'une saveur de fraise qui rôde, du tapis devant la glace ; à cause de la glace sans doute, de la glace de l'armoire à glace.

Il faut imaginer ses pieds nus sur le parquet ciré, des rumeurs d'oiseaux dans le jardin tout proche. Il faut imaginer que tous les autres habitants de la maison ont disparu, à l'ombre des pommiers peut-être, ou en ville, ou à leur travail, n'importe, de toute façon ça lui est bien égal. Tous oubliés, effacés, sauf le chat, oui justement il est là, somnolant sur le lit. Et il faut bien imaginer le chat si l'on veut tout à l'heure trembler de ce qui va arriver, bien qu'il n'y soit pour rien, lui, le chat, bien que ce ne soit d'ailleurs presque rien ce qui va arriver, et pourtant ce fut comme un écroulement très blanc, très lent, très muet de toute chose, un sombre et total effondrement dans la révélation. Car il va falloir éprouver la chute en abîme, l'humilité prostrée, la reddition ravie, consentante, d'un tout petit bout de femme à la gloire, belle et profonde et sombre, comme une voie lactée, du féminin.

Elle étire son mol ennui dans la chambre aux ombres dorées.

Longue vacance. Bleu soupir.

Il lui suffit de regarder fixement le chat pour qu'il lève la tête.

Le chat est un être magique. En lui-même et l'oiseau et le nid. Et la mère et l'enfant. Souverain. Satisfait et muet ; non parce que la parole lui manque mais parce qu'elle lui est inutile. Il n'a ni plainte ni requête à formuler. Il sait ; tout ce qui se peut savoir. Il dort, il veille ; c'est tout un. Nul, jamais, n'est autant là que lui. Au point que c'est presque trop. Au point que le chat peut faire peur, occupant toute la place de son regard, de son savoir immense, de son savoir infini, ne vous laissant plus de place, plus d'existence propre et certaine.

Sans compter que désormais, dès que le chat la fixe quelques secondes, c'est comme si elle était saisie d'une pensée intense dont elle sait bien que c'est elle qui la fabrique, mais qui serait impossible à composer

86

si le chat n'était pas ce qu'il est. C'est une pensée à laquelle elle ne croit pas, et qui cependant lui donne un grand émoi de crainte et de ferveur mêlées, de chagrin et de bonheur inséparables. Elle pense que la mère qui n'est plus est dans le chat. C'est elle, la mère, qui en lui vit et observe le monde. Celle qui est passée de l'autre côté du monde a trouvé son séjour éternel derrière les prunelles du chat. Au-delà de la bonté et de la cruauté, elle est là, seulement attentive et toute savante. Immobile. Silencieuse et accomplie.

Non, bien sûr, elle ne le croit pas ; elle n'est pas folle. Mais dans le bref instant de leurs regards confondus, elle sait, dans l'émoi de la profondeur, que sa mère la voit, et la contient.

C'est là-bas donc, un après-midi d'été, devant la glace, après avoir cédé au regard du chat, et s'en être écartée, que cela arrive.

Cela arrive. Dans une stupeur de lait, un ébranlement de toute assise antérieure, un vertige interne de la vue, un éblouissement à la fois doux et terrible, et qui loin de la tirer vers la lumière la fait descendre, reculer en chute molle dans un gouffre d'obscurité.

Elle voit, oui c'est bien la première fois, non qu'elle se voit, mais qu'elle voit corps de femme. Elle voit seins, hanches, pubis, tache sombre (signe dur de quelle nuit, de quel immense et noir secret ?) dans la très ronde et pulpeuse blancheur. Agnelle en Dieu ravie, vaincue, elle tombe à genoux.

Ainsi ce serait elle ? Elle, Femme ?

Elle, cette splendeur lente, cette aurore sereine, ce dessin émerveillé de la nuit ? Oui ? Non ? Entre elle qui voit, tassée au cœur noir, brûlant de l'étonnement, et femme qui est vue, souveraine, insondable, il y a, elle n'en peut douter, de la parenté. Ou plutôt le trouble enchanté, douloureux de la plus grande proximité, mais qui maintient la différence de l'une à l'autre, l'épreuve merveilleuse d'un espace très court et pourtant incommensurable.

Alors, elle ne se voit pas au visage où, elle le pressent, il lui faudrait se reconnaître. Et perdre ce qu'elle voit, et qui est Femme, pour se voir elle. Autant dire ne plus voir.

Pour voir, voir encore, elle se tient en arrière, comme cachée dans une extrême humilité.

Le peignoir a glissé des épaules. Elle voit. L'émotion où elle s'abîme — bonheur de vase, d'eau lourde et sombre — est une émotion entière et outrancière, venue d'avant, portée au-delà. Ce corps visible est une épiphanie, mais c'est la plus opaque mémoire, la forme même de la nostalgie, qui le porte, l'exalte, le magnifie.

C'est le premier abord, tremblement stupéfait et sacré d'indicibles retrouvailles.

Elle ne pense rien. Elle ouvre les mains, elle cède, elle se défait. Cette ardeur montant en elle, et qui se répand et la déborde comme un fleuve hors de son lit, n'a pas de nom, pas de visage. Et surtout plus son visage, plus son nom à elle, depuis longtemps noyés dans l'eau lointaine du miroir.

Elle apprend alors qu'elle est désirable, qu'elle sera désirée, et dans le même temps oubliée, traversée, outrepassée. Elle sait que lorsque l'autre verra son corps elle n'aura plus de nom. Que son corps ne sera plus son corps mais corps de femme. Elle approuve tout entière déjà cette confusion dans laquelle elle s'égare. Ce corps sera la chance bénie, la grâce occasionnelle, la forme un instant miraculeusement offerte au désir.

Vivre femme s'annonce alors à elle comme un hymne d'allégresse qu'elle n'oubliera pas.

Il est impossible de savoir ce qui s'est passé avec le chat par la suite. Soit il avait disparu. Soit elle n'avait plus eu, en le voyant sur le lit, là où il était auparavant, la drôle de pensée, à laquelle il n'était pas question de croire.

Sans doute le chat n'avait plus été qu'un chat. Sans doute alors l'avait-elle caressé entre les deux oreilles, comme on caresse un chat quand on est heureux : distraitement.

Ne lui a-t-il pas été donné de savoir alors le plus grave de ce qui se peut savoir, et qu'elle mit pourtant si longtemps par la suite à pouvoir se dire ?

Mais c'est que par la suite elle voulut se détourner de la révélation comme d'une étrangeté, d'une bizarrerie ; peut-être même d'une monstruosité.

Elle s'appliqua longtemps à entrer dans la logique des désirs croisés : le désir d'un homme va au corps d'une femme, le désir d'une femme va au corps d'un homme. C'est la logique niaise qui habite tous les bavardages autour du sexe qui n'en veulent rien savoir, quana elle n'est pas malheureusement inspirée par ie dogme de l'égalité des sexes.

Concernant la distribution du désir sexuel, le dogme s'énonce ainsi : une femme désire un homme comme un homme désire une femme. C'est la même chose, sauf que c'est l'inverse.

Or toute aventure, toute épreuve du sexe récuse cette plate logique des désirs croisés. Oui, il faut du temps, et peut-être du courage pour entendre ce qui se dit du fond de nos émois, de nos fièvres, de nos passions. Et c'est si peu conforme à la logique de tout ce qui se dit par ailleurs chaque fois qu'il est question de commerce entre deux êtres : tu veux mes poires je veux tes prunes, échangeons donc nos fruits...

Mais déjà, avant même d'oser penser l'épreuve du sexe, avant d'oser se défaire de la logique des désirs croisés, elle lui avait trouvé un goût amer, pis, un goût vraiment désolant. Un goût d'affreuse solitude. Si c'était ça, si moi j'aimais les prunes, et toi les poires, si pendant que je mangeais des prunes, toi tu dégustais des poires, en quel sens serions-nous embarqués ensemble en quête de ce paradis où nul ne peut prétendre séjourner seul ? Si désirer c'était convoiter de l'autre quelque chose qui vous aurait manqué, si jouir c'était combler, par une appropriation brève et hallucinée, le manque, si c'était compléter une incomplétude, c'était sinistre, c'était chacun pour soi. A l'inverse même du désir amoureux.

Pourtant elle aurait consenti à ce triste destin si les épreuves du désir, les siennes et celles des autres qu'elle s'efforçait de comprendre, étaient évidemment allées dans ce sens. La peine qu'elle en aurait eue n'aurait pas pesé lourd auprès de son exigence première : connaître au plus profond ce qu'il est donné aux humains de vivre de leur humanité.

Or c'est tout autre chose qui s'apprenait dans les épreuves du désir, tout autre chose qu'elle aurait pu apprendre dès l'origine, dès cet après-midi d'été devant la glace si elle n'avait pas eu peur. Car elle avait eu peur, à n'en pas douter, de ce qui se découvrait alors.

Le désir nous déborde de toutes parts. Il ne naît pas de nous, il nous saisit, il nous traverse, et va bien au-delà de ce corps à qui nous l'adressons. Le désir n'est pas de ce corps, ou seulement de ce corps. Au rivage de la chair révélée, quand la lumière exaspère sur elle son délice, c'est dans l'opacité que nous sommes mordus, empoignés, et vers elle emportés ; la troublante, l'insondable opacité.

Le désir tend aux ténèbres, à l'innommable de ce corps, à l'anonymat de ce corps pourtant si tendrement parfois nommé, à l'antre de vie, à son début, à sa fin, à son secret, on ne sait plus. Il faut.

Mais cet outre-lieu où s'en va le désir porte un nom dans la langue d'Éros. Il se dit Femme d'abord. C'est en Femme d'abord que nous allons, au plus profond du corps femme que nous cherchons à aller à travers l'épreuve particulière et sexuelle du désir. Tous, hommes et femmes.

N'avait-elle pas pressenti, anticipé le désir de l'autre qui s'ouvrirait à l'abord de ce corps ? N'avait-elle pas désiré que Femme soit cherchée à travers, au-delà de celle-ci ?

Qu'était ce corps glorieux, cet éclat de la plus vive beauté ? C'était forme approchée, appelée si ardemment qu'elle était là, presque touchée, presque vue, et séduite jusqu'au secret ; presque connue. Qu'était ce corps de femme ? c'était presque Femme... Une blessure immense de l'humaine mémoire, une fureur irrépressible d'embarquement, un mirage éblouissant que veut le désir pour mourir.

Parce qu'elle était femme, elle serait mirage de Femme. Oh, comme elle aimerait abandonner ce corps au délire de l'autre ; car c'était aussi le sien.

Son corps de femme dénudé ne s'était-il pas ouvert tout entier jusqu'à s'anéantir au désir de l'autre, désir d'atteindre Femme en son plus noir secret ?

Qu'on l'emporte, implorait-elle, qu'on la ravisse jusqu'à Femme, là où elle se languissait tant, elle aussi, de mourir.

Dire maintenant les deux ou trois choses très simples que je crois savoir et les dire gaiement. Parce que ce n'est pas si grave après tout. Ou parce que si je ne laisse pas à ma gravité sa part de silence et de nuit, elle finira par se venger et m'étouffer.

Et d'ailleurs je me dis que toi aussi lecteur ou lectrice rendu jusqu'ici tu dois demander de l'air, du jeu, un peu d'azur. Tu accueillerais volontiers quelques petites vérités impertinentes, telles des balles allègres contre les lourdes quilles stupides.

Je dois avouer également que je crains le pire en prétendant aborder le thème solennel de la sexualité féminine, sur lequel certains hommes ont fait mine de vouloir s'informer, ou même de se prononcer, tandis que certaines femmes faisaient mine de vouloir leur répondre. Peut-on parler de ces choses sans prendre leur manière, leur façon, leur style ? Est-ce que ça ne tourne pas toujours à la pesanteur compassée, au radotage amphigourique, bref à l'ennui, au mortel ennui ? N'est-ce pas en effet le pire qui puisse m'arriver ? Ennuyer avec ce qui ennuie le moins au monde ?

Ennuyer avec le plus vif ? Ennuyer avec le feu irrésistible ? Ennuyer avec la fête de toutes les fêtes de la vie, la
fête ultime et éperdue ? Quelle horreur, quelle misère,
quelle défaite !

Je ne vois qu'une façon de ne pas trop risquer le
pire : dire quelques mots et me sauver, ne pas rester là
à essayer de démêler les retombées théoriques de mes
pirouettes. Tu t'en arrangeras toi-même comme tu
l'entends.

Soit. Les hommes, en effet, ne savent rien, ou
presque, du désir des femmes, de leur jouissance. Faut-
il imputer cette ignorance aux seuls hommes, à leur
fameuse misogynie ? Rien de moins sûr. Il me semble,
contrairement à ce qu'on se plaît si souvent à dire, que
les hommes et les femmes sont ici encore profondément d'accord. Les uns pour ne rien vouloir savoir et
les autres pour ne rien vouloir dire.

Comme s'il fallait entre eux cet espace de non-
parole, ce lieu profond du secret, le séjour possible
dans une obscurité bienheureuse.

Le vaste silence complice, la très ancienne nuit dans
laquelle baigne, sans pour autant se poser, la question
du désir des femmes est la terre même accordée au
désir et à la jouissance. A tout désir, à toute jouissance.

La prétendue question de la sexualité féminine,
prétexte à des semblants de réponse, n'intéresse personne.

Ce qui intéresse c'est la navigation éperdue du désir

à travers le corps des femmes jusqu'au lieu extrême de son silence et de sa nuit.

Celui qui a dit que la sexualité féminine était un continent noir ne pensait peut-être pas si bien dire. S'il avait dit, par exemple, forêt vierge ou planète inconnue, il aurait affirmé trop crûment la possibilité d'un savoir, d'un discours sur la question. Mais s'il avait dit abîme insondable, il aurait paru, cette fois, écarter à jamais la chair vivante et trouble de la question. Continent noir n'est ni une question, ni une réponse. C'est au-delà du corps des femmes, la terre achevée, incontournable, du désir. De tout désir Le continent noir, c'est là où va le désir.

Continent... Le mot lui-même peut s'entendre, je veux dire se rêver, s'éprouver, se connaître de deux façons. On dirait l'une toute féminine et l'autre bien virile. Et pourtant à la fin on s'aperçoit que ça revient au même. Au résistant absolu. A l'incontournable.

Tantôt continent s'entend comme notre terre ferme celle qui nous contient. C'est notre séjour, mon séjour repoussant au loin indéfini la mer inhospitalière. C'est mon pesant de vie assuré malgré le tournoiement des jours, l'inconséquence des airs et des souffles. Vaste et puissant, il me porte. Je ne le connais pas et pourtant il est ma confiance même. Car si, à la différence de l'île dont on peut, de l'extérieur, suivre le dessin, le continent ne montre pas son contour, il n'est pas moins certain qu'il a ses limites là-bas, fixes et immuables on peut être tranquille. On est tranquille. Tandis que les îles flottent à l'extérieur, contingentes, aléatoires, le continent est soudé dans nos têtes à la nécessité du monde.

Et tantôt c'est à l'autre continent que l'on songe, l'autre, celui du désir, celui de tous les navigateurs ardents, mais abstraits, qui envisagent le continent à l'image de leurs cartes. Ce n'est plus le continent en tant qu'il nous contient et nous porte, c'est le continent qui s'aborde dans la fièvre et l'exaltation, du dehors. Forêts vierges d'Amérique, noirs sortilèges de l'Afrique inconnue, à découvrir, à pénétrer, à ravir. Celui qui livrerait des trésors inouïs.

Mais dès qu'il se « conquiert » comme on dit, comme on croit, cet autre continent revient au même que le continent pensé du dedans. Il s'habite, il ne se possède pas. Avant le nom des territoires, au-delà de l'histoire des nations, le continent reste, comme l'enceinte vaste et immobile de nos destins, de nos voyages. Et il se tait.

N'est-ce pas ce silence, cette réserve intime, cet anonymat irréductible du continent qui le fait noir ?

Mais de quel noir est-ce que le continent est noir ? Est-ce le noir des yeux aveugles, de la nuit du dedans, le noir de qui ne voit pas ? Ou est-ce celui de l'encre, celui du sexe des femmes, noir du dehors, noir pour celui qui voit et veut voir plus loin que ce qu'il voit ? Ici encore on peut croire qu'il y a deux noirs, et qu'il doit bien s'agir soit de l'un soit de l'autre.

Et pourtant non, cela revient au même, car chacun revient à l'autre. Le noir du dedans, le noir de la nuit aveugle ne peut se dire noir que par qui sait voir et a connu la lumière. Le noir du dehors, noir pour celui qui voit, est le lieu tangible, irritant, de sa cécité ; c'est là qu'il voit qu'au fond il ne voit pas. C'est là que celui qui voit est saisi d'une grande avidité... d'une grande avidité de quoi ? De voir ? d'éclairer ? de mettre de la lumière ? rien de moins sûr...

Le noir est plus profond que la lumière, car il se souvient du temps d'avant le temps, du temps d'avant la lumière, du temps d'avant toute perte, du temps où il n'était question d'aucune perte ; où il n'était question de rien. Temps d'avant la naissance, quand être et jouir n'avaient pas encore été arrachés l'un à l'autre, quand être et jouir baignaient enlacés au cœur des ténèbres bénies.

Qui n'entendrait ce que j'entends dans « continent noir » ? Quelque chose comme Femme au-delà de toute femme ? Non, pas mère ; cela n'avait pas de figure, pas de sentiment, ce n'était pas une personne. C'était l'état même de la perfection. C'était avant la séparation, la distance du regard, l'intervalle des mots. C'était immensité, mais immensité close, achevée, immobile en elle-même. C'était l'espace accompli, la certitude avant le premier trouble de l'incertitude, le repos souverain avant la première entaille du souci.

Avant le sexe il n'y avait pas de sexe, avant le langage, il n'y avait pas de mots. Et pourtant il y avait. Et c'est là que s'en vont nos désirs. Là où il n'y a plus de sexe, là où ça se tait infiniment dans l'obscure béatitude

97

Ni les hommes, ni les femmes ne veulent, ne savent arracher de leur mémoire sa charnelle et silencieuse nuit, ce noir continent où s'en va leur désir, pour lui infliger la lumière blessante, mensongère, de la théorie.

Désir de femme, désir d'homme, c'est très simple au fond, parce que c'est pareil. C'est continent noir toujours souvenu et attendu. Et cela se tait.

Ce qui change c'est l'exil de chacun, et partant le chemin, le voyage du désir dans les corps sexués.

Sans doute, femme, née de femme n'ai-je pas été aussi éloignée que toi. Je suis une autre même. J'y reviens aisément pourvu que s'égarent mes contours, mes limites, pourvu que tu me prennes pour femme, pour Femme-toute, continent noir. Défais-moi, excède-moi de ton désir. Ton outrance est mon séjour.

C'est toujours à l'abord d'une femme, d'une presque-Femme, que s'ouvre le désir, que la mémoire prend fièvre et passion. Tu me cherches plus loin que moi, je t'appelle de plus loin que de moi, d'outre-moi, d'avant moi. Parce que ton désir me confond à l'au-delà de moi, à ton premier, à ton dernier délice, tu me ramènes à la vie, à la source, au commencement. A la béate ouverture d'un œil aveugle comblé de ne rien voir. A l'abîme d'indifférence bienheureuse. Je sombre éperdument dans le régal stupide d'existence. Je dis que je vais mourir, que tu me fais mourir. Et je meurs, *Je* meurs, en effet. Ni prénom, ni figure, ni histoire, ni mémoire.

Il ne s'agit plus que d'être. Être dans l'Être. Être. Divine insouciance. Ni borne, ni clôture. Le pur espace du jouir.

Longtemps après, je te dis encore que je suis défaite pour le rester encore, et indéfiniment, si cela se pouvait.

Mais déjà tu me refais, tu me hèles au-dehors avec mon prénom. Tu sembles si étonné de me reconnaître. Ne m'avais-tu pas égarée dans tout ça ? Oui, tu m'avais égarée. Oh, les divins égarements !

Peut-on dire le désir qui ne se dit pas ? faire entendre l'espace ouvert d'une attente sans voix ?

Le désir n'appartient ni à l'un ni à l'autre. Il est entre. Tandis que l'un en est la voix, l'autre en est l'oreille. Le jour crie ; la nuit se creuse. Le désir n'est ni du jour ni de la nuit. Il est entre. Entre ? Cela se peut ? Oui, cela se peut. Oui, le désir, qui n'est ni moi ni l'autre, se peut. Entre la voix qui s'excède et celle qui s'étrangle. Une voix se brise et l'autre se défait. On n'écrit jamais que le cri du désir, sa sonorité, son extériorité, le jaillissement diurne, la passion de naître.

Ne peux me soustraire à cette loi. Donner à entendre ce qui se tait. Montrer un effacement. Ériger un creusement. N'ai jamais si longuement éprouvé qu'en ce lieu l'impossibilité d'énoncer la face nocturne du désir. Stupeur muette et hantée. Ai cherché, des jours pleins, dans une avidité impudique, la voix des poètes. L'ai entendue. Ai répondu sans voix, brûlante, tue ; défaite. Ai recopié, à défaut d'écriture, quelques vers arrachés à Baudelaire :

Elle était donc couchée et se laissait aimer,
Et du haut du divan elle souriait d'aise
A mon amour profond et doux comme la mer
Qui vers elle montait comme vers sa falaise.

Et ceux-ci dérobés à Mallarmé, osant à peine les recopier, préférant le crayon noir qui autorise l'efface-ment, en lettres à peine ébauchées sur la feuille, lettres menues, suspendues, comme différées :

Mon cœur qui dans les nuits parfois cherche à s'entendre
Ou de quel dernier mot t'appeler le plus tendre
S'exalte en celui rien que chuchoté de sœur

N'était, très grand trésor et tête si petite,
que tu m'enseignes bien toute une autre douceur
Tout bas par le baiser seul dans tes cheveux dite.

Ils ont travaillé, eux, me dit-on, pour écrire, ne pouvais-tu en faire autant ? Qui vous dit que la peine et l'ardeur et le trouble à les écouter ne valaient pas tout autant que les leurs ? La passion grave de l'oreille à entendre ne vaut-elle pas l'impulsion vive de la bouche à proférer ? Mais qui veut bien entendre ce que c'est qu'une oreille ?

La béance du désir, la dé-faite de la voix propre, comment pourrait-elle s'écrire ? Ce serait une écriture qui s'effacerait alors même qu'elle se donnerait, un effacement tangible d'écriture.

101

Je me refais à la pointe extrême de mon stylo, et déjà je m'avance sur l'autre versant du désir. Le jour, l'éclat, la gloire...

Demanderai seulement qu'on croie à l'épaisseur ardente de la nuit, à la vibration passionnée du silence. La parole du désir a sa chair, celle d'un abandon éperdu. Ce n'est déjà plus un homme qui parle, c'est son frère. C'est une plus que femme qui l'entend, c'est une sœur. Ils se connaissent et se reconnaissent et s'appellent d'avant le sexe, d'avant les mots.

Donnerai simplement pour d'obscures songeries (mais, si librement elles se goûtent, c'est en Vérité qu'elles se conduiront) ces bribes de récit, qu'il faudrait lire et délire, effeuiller, effilocher, défaire, égarer sitôt que trouvées.

J'ai une belle et étrange amie. Elle n'est étrange sans doute que parce que je l'observe de très près, et que plus je m'approche, plus elle se dérobe à toute prise. Elle est étrange dans sa façon de résister, par esquives continuelles, à tout portrait que je voudrais donner d'elle. Quand je la dis courtisane je vois une souveraine. Quand je m'applique à penser que c'est une femme, je suis convaincue que c'est une enfant. Quand je la vois se baigner, se polir, se lisser, se colorier, se parfumer, s'enrubanner, je ne comprends plus rien, et j'assiste désespérée, ravie, à sa brillante métamorphose.

Ah, j'ai oublié de dire comment elle s'appelle. Elle s'appelle Claire. Pourquoi tu fais tant d'histoires, me dit-elle, c'est clair comme de l'eau de roche, simple comme bonjour, ça se comprend à livre ouvert, et elle me tend les paumes tendres de ses mains, comme si tout était là, écrit... Rien n'est écrit. Pourtant j'aime qu'elle s'appelle Claire. Quand je l'entends appeler Claire, quand on demande au téléphone si l'on peut parler à Claire, cela me fait le même effet que lorsqu'il est dit, dans un livre, qu'on entendit au loin sonner l'angélus. Vous n'avez jamais entendu sonner l'angé-lus, il y a longtemps que ces choses-là sont finies, que vous vivez dans les villes du tintamarre et sans angélus, et pourtant vous entendez ce qu'on vous dit : *dans le lointain sonna l'angélus...* Un instant, vous avez respiré l'espace d'une adorable nostalgie, la terre a été exaucée, les péchés ont été pardonnés, un instant, l'innocence a souri d'un bord à l'autre de l'horizon. Ainsi quand je l'entends appeler Claire le temps s'étire sur la campagne douce, et je baisse les yeux, comme pour une prière.

Parfois elle se prête enjouée à mes questions. Elle dépense ses réponses avec une prodigalité allègre, comme si, en me les confiant, elle s'allégeait d'un fardeau trop encombrant pour elle. Il faut la voir jeter ses réponses par-dessus l'épaule, et attendre le regard vif et brillant que je lui lance d'autres questions. C'est un chien qui aime plus que tout jouer à la balle. C'est un jeune homme qui, au premier jour des vacances, jette avec enthousiasme ses vêtements sur la plage, le regard déjà fixé sur la mer, si bonne au corps et à l'esprit, dans laquelle il s'attend, impatient, à baigner nu. Quand elle se trouve à cours de réponses il lui arrive alors de se retourner vers moi, est-ce coquette-rie, inquiétude, les deux sans doute, pour me deman-der ce que je pense de ce qu'elle dit, si je la trouve fine, profonde, intelligente. Elle n'attend pas que je réponde. Elle s'éloigne sur une pirouette ; ce n'est peut-être après tout que malice.

Parfois, au lieu de répondre, elle se bute. Elle renvoie

ma question sans l'ouvrir tout en l'accompagnant d'un regard hostile.

— Pourquoi tu me demandes ça ?

— Pour savoir pardi... Parce que ça m'intéresse. .

— Et pourquoi ça t'intéresse ? Ça, évidemment, tu te gardes bien de le dire !

Il lui est arrivé de prétendre que je me comportais avec elle comme un homme, pour ne pas dire comme un psychanalyste (mais dans ces moments-là elle dirait n'importe quoi pour me blesser). Est-ce que je n'appartiendrais pas à ce genre très particulier de vampires que sont les écrivains ?

Elle est même allée un jour jusqu'à oser une formule qu'elle avait ramassée je ne sais où et dont elle voulait essayer sur moi l'effet :

« L'écriture est la première violence faite aux femmes. »

Ce disant elle ne put s'empêcher de rire. Peut-être de son emphase, peut-être de mon air stupide ; probablement des deux.

La violence se connaît mieux en celui qui la subit qu'en celui qui l'inflige. Claire n'a pas peur de moi. Quand bien même elle douterait de mes intentions, jamais il ne lui arriverait de craindre pour ses propres forces, de douter de son intime résistance. Elle sait, voilà tout, qu'il m'est impossible de percer aucun mystère qu'elle aurait voulu me dérober.

Elle ne craint rien à vrai dire de mon écriture. Elle pense que rien de décisif ne peut arriver avec l'écriture. Elle dit que si ce que j'écris est vrai, alors d'autres l'ont déjà écrit, et que d'autres viendront qui l'écriront de nouveau. L'écrivain croit qu'il invente, mais il répète.

105

Le lecteur croit qu'il découvre, mais il se souvient. Elle dit que pour se faire écrivain authentique ou lecteur passionné il faut, comme d'autres vendaient leur âme au diable, vendre sa tête à l'oubli. « C'est comme les poules, dit-elle, quand elles picorent le blé qu'on leur a jeté. Tu sais ce qu'elles pensent ? Tiens, voilà un grain, tiens, voilà un grain, tiens voilà un grain, tiens... et ainsi de suite. »

Je crois qu'elle aime la vérité autrement que moi. Si elle m'accorde volontiers qu'il n'y a qu'une chose qui compte, c'est la vérité, elle tient à préciser que la vérité tout le monde la connaît, ou ne la connaît pas ; de la même manière.

Quand je lui ai demandé si elle ne faisait pas de différence entre les livres qui disaient la vérité et ceux qui mentaient, elle a beaucoup réfléchi pour me répondre enfin que ça revenait au même. Que les livres ne disaient jamais que des bouts de vérité, tout en prenant des airs de la dire toute.

— Comment ça ? Aucun écrivain n'oserait prétendre que c'est toute la vérité qu'il écrit...

— Alors, pourquoi écrire ? Je te demande un peu. Plutôt un beau mensonge bien grossier que personne ne croit qu'un bout de vérité... Remarque, si ça t'amuse...

Claire est plus charmante que moi. Mais il y a longtemps que je sais pourquoi. C'est parce qu'elle ne termine pas ses phrases. Et les gens s'attachent à elle comme s'ils étaient la fin de ses phrases. Forcément ça crée un lien : ça donne de l'importance.

Ce qui m'émeut le plus en elle c'est à quel point elle

consent à se laisser voir mortelle ; surtout quand elle se prépare pour aller à un rendez-vous.

Je m'assieds sur le rebord de la baignoire tandis qu'elle y barbote longuement. Ensuite elle « se fait belle », comme elle dit. C'est une cérémonie qui semble vouloir durer indéfiniment, mais je ne m'y ennuie jamais. Alors même que ces choses, la parure, la dorure, le maquillage me sont assez étrangères, je m'enchante de voir Claire s'y livrer toute. Je m'installe à son bord. Je ne perds aucun de ses gestes, ni de ses paroles. Je suis bien. Elle aussi d'ailleurs. Plusieurs fois elle me l'a dit. C'est le moment où nous savons le mieux être ensemble. Et dans ce lieu, ce temps que nous habitons ensemble. Je pense alors au poète : « Ô temps, suspends ton vol », et à la repartie si grossière du subtil philosophe : « Oui, mais pendant combien de temps ? »... Il faut ne rien connaître, pis, ne rien désirer du temps en suspension pour se risquer à de telles finesses. Coïncidence parfaite, à la fois légère et irresponsable au temps. Temps sans compte, ni poids ni mesure. Temps qui ne commence ni ne finit. Seule présence. On débranche le téléphone. On ne répond pas aux coups de sonnette. Absentes pour cause de rare présence. On est trop bien dedans pour aller voir dehors.

Au début de la cérémonie, tandis qu'elle se lave, se frotte, se cure, s'épile, elle est extraordinairement bavarde. Elle me raconte des choses de son enfance, ses amours d'adolescence, son premier fond de teint, la marque, la couleur, les prétextes pour les rendez-vous clandestins. Elle s'arrête souvent sur l'angoisse d'avant le rendez-vous, soudée au ventre comme une

107

peur, angoisse pourtant tellement chérie, profonde, ensorcelante...

— Mais ça, tu vois, je me doutais que ça s'atténuerait avec l'âge. C'est pour ça sans doute que c'était si précieux. Que je ne voulais pas, bien que ce fût une sorte de torture, en être soignée, encore moins guérie. C'était ça, au fond, la virginité...

Je lui demande si elle ne le sent pas encore, parfois, maintenant par exemple, un peu au moins...

— Oui, bien sûr, mais comment te dire, oui, ça me traverse encore, ça m'emporte encore, mais en arrière, vers le fond, vers l'avant. Comme une bouffée de mémoire de l'angoisse d'autrefois. C'est presque doux. Ah non, vraiment, c'est autre chose. Avant c'était... c'était sauvage, et même, comment dire, impitoyable. C'est ça ; c'était impitoyable...

Elle est contente du mot. Elle l'éprouve, le fait rebondir, me le lance. Quand Claire prend son bain, elle est de très bonne humeur avec les mots. Mais elle dit que c'est parce que je les prends comme ils viennent sans lui demander de faire de la philosophie avec. Il est vrai que j'aurais du mal à philosopher dans ces moments où elle ne cesse de m'éclabousser, de m'apostropher, attrape-moi une serviette, frotte-moi un peu dans le dos, s'il te plaît, tu me passes la pince à épiler. Ça pousse à prendre les mots comme le reste, comme des gouttes d'eau, des serviettes, des moiteurs, des bonnes senteurs, des pinces à épiler...

On ne le croirait pas, mais tout change quand vient le temps du maquillage. Tandis qu'elle s'installe devant le miroir et que je m'assieds sur le petit fauteuil en osier d'où je peux la voir sans la gêner, le silence monte peu à peu comme une mer le soir sur les plages du Nord.

Le silence qui va s'arrêter, se dessiner aux contours proches et maintenant plus sensibles de la rue, raclements poussifs d'autobus, bribes de voix, séquences d'appels, d'interjections jamais compréhensibles, rares klaxons, portières, freins, le silence trouve ici son bel espace, sa chair tangible que Claire habite en son centre.

Le miracle, c'est la distance, l'écart sensible qui se fait entre la marmite sonore du tout proche, cuisine saugrenue et pourtant commune du métal et du caoutchouc, de la pierre et des voix, et le silence d'ici, tendre et troublant comme un étang de ma campagne, dont l'immobilité est une perfection de lenteur, et qui songe entre les chênes et les genêts de ses rives.

Si j'ai pensé d'abord à la mer c'est à cause de cette séparation si sensible et enchanteresse qui se fait toujours là-bas entre le silence des sables, des falaises, des rochers, de l'azur et des mouettes, et la bruyante fureur des eaux. Comment est-il possible d'entendre ensemble et le bruit et le silence ? D'entendre la distance, l'écart entre l'un et l'autre ? Je ne sais, et pourtant cela se peut.

Quelle est cette réalité qui se connaît par l'oreille mais ne peut s'y apaiser, qui la déborde, l'excède, la déroute ? Quelle est cette distance entre le silence et le bruit, qui se connaît assurément mais ne peut se mesurer, s'apprécier d'aucune façon, étant également nulle et infinie ? N'est-ce pas ce qu'on appelle le sacré ?

Je me risque dans ces questions étranges, sans prétendre les résoudre. Parce que j'y trouve ma plus grande aise, mon meilleur souffle. Ce sont de telles pensées, presque impensables c'est vrai, mais merveilleuses comme un bain de délivrance, d'immensité libre qui me viennent, que je laisse venir, quand Claire se tait auprès de moi et commence à se maquiller.

La première couche de fard efface jusqu'au nom de Claire. Pâleur et immobilité. Nous n'avons plus d'âge. Le monde est suspendu, arrêté peut-être. Je reconnais le passage d'une pensée qui me traverse, de-ci de-là, depuis l'enfance, depuis le jour sans doute où j'appris que nous percevions dans le ciel la lumière d'étoiles depuis des millénaires éteintes, anéanties dans le vide cosmique. Ainsi j'envisage que toutes ces vies bruissantes, agitées — le grouillement universel des présences, le grand tintamarre du monde et des êtres — sont depuis de semblables millénaires tues, achevées, défaites dans le silence interstellaire, et que ce qui s'en perçoit n'est qu'un éclat sans chair, une brillance illusoire, une trace égarée dans un temps désormais muet...

Les yeux ont rétréci. La bouche s'est raidie, le regard a reculé et s'est fixé au fond de sa nuit. Un masque observe un masque. C'est la couche de la mort. Claire est morte aussi et pas seulement vivante. Ce qui se remémore dans le premier fard. Inutile en cet instant de demander à Claire à quoi elle pense. Elle répondrait : « A rien », ou peut-être : « A tout », c'est pareil.

Mais, alors même qu'on voit bien qu'on est mort aussi, alors même qu'on ne sait pas ce que c'est qu'être vivant, c'est plus fort que soi, on ne peut pas se retenir de vivre. Je me dis en observant Claire que le mouvement d'une femme qui va à la rencontre d'un bien-aimé est le plus fort des mouvements du vivre. Que c'est un mouvement fatal, irrésistible. Ni la femme attendant son enfant, ni même sans doute le soldat se recueillant avant la bataille ne réalisent une telle concentration, un tel rassemblement de la puissance. Je ne vois nulle part de plus sombre intensité, de plus stupide passion de vivre. Je dis stupide parce que rien ne se pense là, ne se réfléchit, ne se délibère, ne se décide. Cela se veut ; c'est tout. Vague immense balayant de sa fureur méchante et gaie tous les calculs antérieurs des plaisirs et des peines, des profits et des pertes, toutes les négociations des échanges équitables.

Si je faisais valoir à Claire qu'elle n'a peut-être pas suffisamment pesé le pour et le contre dans cette affaire dont il arrive qu'une femme sorte vaincue, anéantie, elle me jetterait un regard furieux en disant, quelle horreur, que je parle comme sa mère. Non, jamais je ne pourrais lui dire une chose pareille même si je tremble pour elle. Je sais qu'elle entre en cet instant dans sa plus grande beauté ; là où se joignent en elle l'humilité et le sublime.

Mon étonnement reste toujours aussi neuf devant ce tour de magie de la logique que me présente Claire chaque fois qu'elle se maquille devant moi. Les deux visages forcément se ressemblent puisque je ne cesse d'y reconnaître Claire, et pourtant ils sont sans commune mesure, au point que s'il faut dire de l'un qu'il est la vérité du visage de Claire, il faudra dire de l'autre qu'il est son mensonge. Or il m'est impossible de savoir quel est le vrai visage et quel est le faux. Le visage nu était immédiat, irréfléchi, invisible en fait tant il était expressif, exubérant. Son visage n'était que la source de ses paroles, de sa vitalité, de son expansion jusqu'à moi. Il n'est pas douteux que le visage fardé ne soit aussi le sien, et même peut-être davantage. Quand je dis que ce visage est plus beau, je dis qu'il se montre plus, qu'il est plus visible d'être coloré, sculpté, tracé, mais en même temps je le trouve beaucoup plus distant, silencieux ; énigmatique comme un titre de livre dans une langue inconnue.

Les yeux ont été envoûtés de khôl, alanguis d'ombres crépusculaires. La bouche a été bien conçue, magnifiée dans le rouge éclatant. Oui, c'est un éclat. Bien que sans risque, c'est une audace. Sans être le moins du monde inconvenant, c'est pourtant une impertinence, et c'est une arrogance dans les limites précises et ourlées des lèvres. Sur les joues veloutées de poudre rose ont été enfin déposées quelques paillettes impondérables d'or. Silence. Elle se regarde. Qui regarde qui ? L'autre se regarde. Et moi je regarde, comme elle sans doute, celle que le bien-aimé du jour, de l'heure, de cette éternité, va approcher.

Je me souviens combien dans l'enfance les contes troublaient (ce n'était qu'un charme de plus) mon sentiment très chrétien de la vérité et du mensonge. La métamorphose de Cendrillon était telle que les méchantes péronnelles ne reconnaissaient pas leur petite sœur au bal du Prince. Et il était évident que le Prince lui-même, tombé amoureux fou de Cendrillon, ne l'aurait pas même vue dans ses habits de souillon ; et c'est sous l'apparence d'une mystérieuse princesse que Cendrillon avait été aimée. Comme si la simplicité du vêtement ne pouvait que cacher ce que l'artifice de la parure révélait : une splendeur intime. Que pensait

Cendrillon de tout cela ? N'en était-elle pas amère ? Il semblait bien que non.

— Claire...

— Oui ?

C'est déjà à peine une voix de Claire. Voix reculée, venue de loin, absorbée dans un délicieux souci...

— Est-ce que tu l'aimes ?

Se tourne lentement vers moi le beau visage qui sourit sans répondre. Il semble bien que oui. Qu'elle l'aime. Mais que ma question est incongrue. Elle se lève, se parfume, enfile une combinaison lisse et brillante. Le velours éclatant des joues, la profondeur tendre, animale, du regard, l'émouvante blessure des lèvres, et ce long corps dans sa parure de soie, levé, aérien, comme un jet d'eau devançant allégrement ses gouttes et son murmure, n'est-ce pas l'évidence même, la chair humble et patiente de son amour ? Il semble qu'elle n'en veuille pas d'autre.

— Mais Claire, dis-moi, c'est pour quoi tout ce rouge et ce noir, le rose, le bleu et l'or, et la soie et le strass ?

— Je te l'ai déjà dit. C'est pour être transparente.

— Ne te verrait-il pas mieux dans ton visage sans fard, ton visage nu, celui du petit déjeuner, celui de la plage, celui du travail ou du rire, celui tu oublies ?

— Comment ça *me* voir ? Qu'est-ce que c'est que ça : *me* voir ? Tu sais ce qu'il verrait ? Toutes les couches de mémoire, tous les entassements d'histoires, il verrait les fatigues, les plaisirs imbéciles, les péchés. Il verrait toutes mes paroles, tous les mots que j'ai dits, tout ce bruit que j'ai fait. L'épaisseur, la crasse, l'usure. Ah non, tu n'y penses pas...

Elle tremble sincèrement. Je craindrais de la faire

pleurer en insistant davantage. D'autant que le rimmel coulerait et tout serait à refaire.

Elle finit de s'habiller. Robe de rêve, longs poignets, ceinture dorée, boucles et agrafes, chaînes fines, bagues et bracelets, sandales malicieuses, ronde pirouette pour me faire voir. Elle évapore enfin sa vaste chevelure en boucles d'écume et de dentelle, comme celles de l'enfance, comme celle de la première, de la plus tendre sauvagerie. Elle est si belle que je me sens embellie à la voir.

— Tu es belle, ma petite Claire, j'en conviens.

Elle s'étire, renverse la tête en arrière, rit contente.

— Ah, je voudrais mourir, soupire-t-elle.

— Mourir ? Qu'est-ce que tu racontes ? Comment ça mourir ?

— Si tu savais comme je suis transparente quand s'enfonce le regard noir, le fou regard comme une épée qui tremble et vacille en pénétrant... Ah oui, je voudrais mourir.

Et je la vois s'envoler, gazelle peinte, enrubannée et embaumée pour un étrange sacrifice.

Demain elle me reviendra plus grande, plus large, plus haute ; d'une tout autre beauté. D'une beauté aérienne et suffisante. Elle voguera dans l'appartement, dans les rues ou dans les transports en commun, à son travail ou chez ses amis, avec la souveraineté d'un cygne.

Derrière ce visage composé, puis exposé comme une œuvre d'art, ce visage-palette de couleurs, de crèmes et de poudres, ce visage dessiné, coloré, enluminé, auréolé, qui s'exhibe, une femme se dissimule.

A-t-on jamais pensé à ce qu'exige de modestie cette fière parade ?

Voyez comme elle recule très loin derrière son visage. Voyez comme elle s'applique à s'effacer, elle, pour faire de la place au désir de l'autre, pour le laisser entrer, et pénétrer et jouir de toute son aise immense de désir.

Se cachant derrière ce qu'elle montre, elle cache presque qu'elle se montre ; elle montre à peine qu'elle se cache.

A-t-on jamais pensé à ce que comporte de pudeur le maquillage ?

Vingt fois avant de se rendre à la fête, au bal, à son rendez-vous elle revient s'admirer dans la glace. On la dit narcissique. Mais qui contemple-t-elle ravie ? Elle ? Ou l'autre plutôt, celle qu'il verra lui, cette beauté si proche et si lointaine, pour laquelle elle ne demande

115

qu'à être prise? Peut-on moins tenir à soi qu'à se réjouir tant d'être prise pour une qui vous ressemble « en plus belle », et qui n'est pas vous...

Elle sait de source sûre, d'expérience intime, que le désir ne peut se penser dans une logique de l'identité. Le désir n'est pas d'enrichir le moi d'un supplément, ni de satisfaire un besoin, de compléter une incomplétude. Il n'est pas l'affirmation du moi, il en est au contraire l'ébranlement, le trouble, l'effacement délicieux, l'égarement des limites propres dans l'espace indéfini de l'autre.

Quand les hommes s'acharnent à penser leur désir selon cette logique de l'identité (logique éminemment masculine puisque la première exigence d'un homme est de constituer non seulement *un* homme mais encore *cet* homme, celui-ci, unique, porteur de ce nom), ils se trouvent acculés à le comprendre, et plus gravement à le vivre comme désir d'appropriation des femmes. Ici commence le leurre.

Pour peu qu'ils fassent mine de vouloir prendre, elles se dérobent. De mille et une façons. Le faux-semblant, le mensonge, la frigidité, la prostitution. Toute prise d'une femme qui méprise le désir qu'on a d'elle est un leurre. Il ne se passe rien que l'exaspération de la solitude de l'un, et l'exaltation de la puissance à résister de l'autre.

Il faut pourtant s'émerveiller et se réjouir de cette extraordinaire capacité des femmes à se soustraire au désir, à se tenir en réserve du désir. Donner lieu au désir, mais pouvoir y échapper. L'un ne va pas sans l'autre.

Ainsi je m'enchante à l'idée qu'il est impossible de régler de façon claire et une fois pour toutes la question du voile. Faut-il l'arracher ? Faut-il le remettre ? Ne faut-il pas au fond que l'un et l'autre se puissent ? Arraché quand il étouffe, remis quand il préserve. D'ailleurs j'ai toujours aimé les voiles, les grands, les petits, les nuageux, les évaporés, les azurés, les blancs, les noirs, les chamarrés, tous les voiles, les voilettes, les voilages... Je les aime tant que je ne peux imaginer une seule femme qui ne les aimerait pas. Au point que si, par malheur, il fallait choisir entre le voile-toujours et le voile-plus-jamais (n'est-ce pas comme s'il fallait choisir entre la mort et l'immortalité ? Et on choisirait la mort bien sûr, tant est mille fois plus effrayante encore l'idée de l'immortalité), ainsi je choisirais, ah oui, assurément, je choisirais le voile-toujours. Plutôt l'ombreuse et définitive prison du voile que la nudité livrée irrémédiablement à toutes les sauvageries de la lumière. Plutôt à jamais cachée que toujours et inexorablement exposée.

Non vraiment, je ne vois pas comment on pourrait faire sans voile.

Et d'abord, que deviendrait la vérité s'il n'y avait plus de voiles ? S'il n'y avait plus d'espace, plus de vide entre ce qui se voit et ce qui ne se voit pas ? Si tout était dehors, étalé au grand jour, s'il n'y avait plus rien au-delà des apparences, alors la parole s'étoufferait et le

117

désir mourrait. Tout se vaudrait, une femme vaudrait un homme, et un homme une femme, la vérité ne serait ni cachée ni révélée, rien ne pourrait la distinguer de quelque chose qui ne serait pas elle, pas encore elle ou déjà plus elle. Tout serait égal, pareil, indifférent.

N'est-ce pas touché de la grâce des voiles féminins que le cœur des hommes s'enflamme d'un grand désir de vérité ?

On ne peut pas savoir par quoi ça commence pour les humains. L'ardeur sexuelle ou le désir de connaître. C'est peut-être d'ailleurs la même chose. Et cela commence sans doute de la même manière trouble, légère et merveilleuse : le frôlement d'un voile, le tremblement d'une apparence, et le cœur s'emporte du désir d'aller au-delà du voile, au-delà de l'apparence, de pénétrer, de s'enfoncer dans cet au-delà afin d'y séjourner comme en sa terre promise, sa terre de vérité.

Ainsi, dès qu'il s'agit de voile, rien n'est plus clair ; ni obscur non plus. Le voile joue entre l'ombre et la lumière, rend sensible la différence entre l'une et l'autre, le passage possible de l'une à l'autre, le désir de ce passage. Même le langage hésite et se trouble à vouloir parler du voile. Le voile est l'équivoque même. Est-ce que le voile cache cette femme ou est-ce qu'il la révèle ? Et celle qui est sous le voile doit-on dire qu'elle est nue ou qu'elle est voilée ? A cause du voile elle ne peut être dite ni nue, ni voilée. A cause du voile il est même impossible de définir ce que c'est qu'une femme. Le voile trouble ses contours, les fait trembler et reculer du plus proche au plus lointain. Où est la femme ? Dans le désir de qui tend à soulever le voile ?

118

Dans la brûlante conscience qui habite le voile ? Ou plutôt entre l'un et l'autre, dans les plis mouvants du voile ?

Le jeune homme rêve au bord du puits où vient parfois chercher de l'eau une femme voilée dont il ne sait rien. Il entrevoit ses pieds, un poignet enchâssé d'un lourd bracelet, un œil vif et profond (mais c'est peut-être seulement la fente dans le voile, la certitude poignante de son œil vif et profond) ; il suffit pour que son sexe se réjouisse et s'emporte vers elle.

Et elle qui sait bien pourtant qu'il ne voit que son voile, s'émeut et se trouble de ce regard, au point de fuir ou de demeurer ; le cœur battant.

Que de mystères en ces choses...

Ainsi ne faut-il pas se demander pourquoi les femmes belles sont plus désirées que les autres ?

La plupart mêlent d'ailleurs si étroitement le désir que l'on a des femmes à leur beauté que ma question leur paraîtrait tout à fait oiseuse. Quelle étrangeté pourtant...

Comment voyage le désir du beau visage qui se voit au sexe qui sans savoir implore ?

Ils disent parfois, tant la distance leur semble incommensurable, l'écart irréductible de l'un à l'autre, que la fureur du sexe est celle d'une perversion. Que le sexe s'exalte, et s'acharne, comme envoûté par une passion du mal, à souiller la beauté dans l'ordure, à profaner l'adorable.

La vérité du sexe serait l'obscénité.

Alors, plus la beauté d'une femme serait grande et plus il serait horrible et délicieux de l'abîmer, de s'abîmer avec elle, dans la sombre et brûlante bestialité du coït.

... N'ai jamais cru vraiment à cette version du désir sexuel. Ou plutôt n'ai jamais cru qu'ils le sentaient, qu'ils le vivaient ainsi. Ai toujours imaginé qu'il s'agissait là d'une traduction en langue virile de la plus intense épreuve de transgression qu'il nous soit sans doute donné de vivre, et, parce qu'elle nous laisse sans voix, terrible en effet, autant qu'infiniment bonne.

La beauté n'est-elle pas la première transgression? Sa source, son origine, son commencement? La beauté, c'est quand le regard s'en va plus loin, derrière, au-delà, autour et en deçà. La beauté, c'est quand le regard qui n'était pas beau devient beau lui-même, et plus vaste, et emporté. C'est quand le cœur se déchire d'un trop de lumière qui lui advient.

Quand la beauté est le commencement de la transgression, le désir sexuel n'est-il pas la transgression faite chair, l'anticipation éperdue de sa fin ultime, de sa résolution dans le mélange intime des corps? Désirer c'est exister hors de soi, vers le plus-que-soi, outre soi. Le désir c'est quand l'être s'entame et se déchire infiniment.

Là où s'en va le regard, par-delà le beau, s'en va aussi le désir.

Mais eux s'efforcent toujours de séparer ce qui est confondu. Ainsi qu'ils l'ont appris. Virilement.

Qu'est-ce que devenir un homme sinon s'affirmer, se définir hors du sensible, du pathos, du sombre magma

120

féminin ? Être un homme c'est d'abord ne pas être une femme. Ici commence la différence des sexes.

L'Église est venue soutenir le viril partage. Et l'École. Et tous les livres de Raison. L'esprit et le corps. Le Bien et le Mal. La distance infinie de Dieu et la proximité séduisante et redoutable de la chair. Au divin se confond l'intouchable beauté, à l'animal se confond le sexe. Passant de l'un à l'autre dans l'acte de chair, ne sont-ils pas d'ores et déjà convaincus de transgresser un interdit et de jouir de l'immensité d'une corruption ?

Le sexe est une outrance. Ils en font un outrage.

Et les voilà tout saisis du sentiment de leur puissance — signe brûlant de leur liberté — à déchoir.

Cela se trouve chez les plus ardents, les plus profonds, je veux dire les plus proches du féminin. Baudelaire. Nietzsche. Kierkegaard. Kafka. Bataille. Les plus religieux. Les plus amoureux de l'amour. Se croient méchants dès que le désir les empoigne. Et pourtant. Ne feraient pas de mal à une mouche, je veux dire aussi à une femme...

Ce n'est pas vraiment qu'ils croient à la séparation de l'âme et du corps. C'est qu'ils y sont obligés. C'est l'Histoire qui veut ça. Et la façon dont l'Histoire les requiert. Leur devoir d'homme.

Les femmes n'ont pas de devoir de femme. Seulement des devoirs de surface. Devoirs ingrats et sans noblesse de ménagère, de travailleuse, de mère. Mais aucun devoir de fond. Pas de devoir de devenir femme. Qu'elles soient femmes, il suffit. N'ont aucune raison de croire à la séparation de l'âme et du corps. S'en moquent et vivent au-dedans. Sans partage. Ont admis sans rechigner de se voir refuser une âme. Ont dû hausser les épaules. Ou sourire. N'ont guère le sens de l'interdit. Le transgressent d'autant moins qu'elles l'ignorent. N'ont pas le génie du mal ; ni celui du péché. Se plaisent infiniment à les appeler par leur beauté, à les attirer vers elles, à les séduire. Ne voient ni bien ni mal à cela ; seulement délicieuse ferveur de vivre. Ni innocentes, ni coupables ; en leur aise de corps. Viennent aux hommes de l'intérieur, du fin fond d'elles-mêmes, et seulement quand ça leur chante.

Mais eux viennent à elles de l'extérieur, de leur distance d'hommes. Par la vue. Car c'est toujours hors de soi, à distance qu'on voit. Plus la femme est belle et plus ils la voient loin. Et leur regard élargi de beauté voient loin au-delà d'elle. Beauté, promesse de bonheur, dit Stendhal.

Mais quelle est cette beauté sinon un autre voile ? Et eux s'enivrent du désir de la soulever, d'entrer sous la beauté-voile, de s'enfoncer dans la promesse de cette femme, plus-que-femme, toute-femme.

Soulèvent le voile, s'approchent avec leur sexe, organe de l'irrésistible nostalgie, annulent, caresse après caresse, la distance si chèrement conquise, descendent dans le fond, avides de s'y perdre, égarent leur nom propre, renoncent à la séparation de l'âme et du corps, s'en remettent à femme, abandonnés, défaits, dans la transe d'extrême félicité.

Doivent alors concevoir — interdits et troublés jusqu'à l'âme — avec quelle rage ils sont allés à l'envers de leur virile discipline, avec quel délice ils ont consenti à la dissolution de leur forme externe, éclatante et verticale, avec quelle passion ils ont voulu plonger en femme...

Tout englués encore d'indicible bonheur, s'appliquent à se remettre debout, ramassant les mots et les vêtements épars, s'aidant pour la quitter et naître de nouveau, séparés, différents (maintenant qu'ils savent la voir sans défaillir), d'une très ancienne pensée, archaïque et sauvage : la femme, c'est la part du diable.

Quand les femmes veulent être belles ce n'est pas pour être reconnues dans leur être, leur personne propre, dans ce nom qu'elles portent à peine, ce n'est pas pour s'exhiber mais plutôt pour s'effacer, ouvrir le désir au plus lointain, au plus vaste, se faire femme, immense et anonyme, terre de toute nostalgie.

Certes tant de femmes ne sont pas belles qui sont désirées, certes la beauté d'une femme ne se voit que de loin et se dissipe doucement — non qu'elle se convertisse en son contraire, mais cesse d'être réellement visible — aux yeux de quiconque la fréquente assidûment. Certes le désir se fait autrement et peut-être plus ardemment. Mais la beauté des femmes reste la plus troublante et la plus immédiate provocation au désir des hommes.

Toute femme est image de Femme, à la fois dévoilement et voile de Femme. La beauté aussi est un voile qui montre et dérobe.

C'est ainsi qu'elle est désirée. C'est ainsi que quiconque la désire, homme ou femme, veut aller en elle jusqu'à Femme.

C'est ainsi qu'elle se donne à voir, comme si en elle,

au fond inaccessible d'elle-même, et pourvu qu'elle soit désirée, était Femme.

Elle veut être prise pour Femme. Et elle tremble dans le leurre divin d'être Femme, de rejoindre Femme pour avoir été confondue à Femme.

Ce qui fait qu'elle préfère si souvent un homme pour la conduire au rivage ultime de son désir, de leur désir, du désir lui-même ? C'est d'ailleurs plus qu'un homme, c'est cet homme.

Peut-être l'ardeur éblouissante de son désir à lui. Peut-être aussi parce qu'il lui vient de très loin...

Et pourtant il faudrait dire — je n'ose — ce qui l'attache à cet homme, au sexe de cet homme.

C'est par ce sexe qu'il lui ressemble, sexe affirmant si simplement son désir de Femme.

Il dit que le désir n'est pas un leurre. Le désir a son organe glorieux, sa réelle et diurne érection, sa tangible certitude. Ce qu'il implore, elle le voit, elle le connaît ; cela ne trompe pas.

Elle sait que ce qu'il implore c'est elle et c'est plus-qu'elle. C'est elle mais ce fut et ce pourrait être une autre. C'est tout autre. Et elle sait qu'elle est sa tout autre préférée entre toutes quand il l'étreint et se fond en elle. Car elle connaît son désir autant qu'il le connaît.

Non, le voile ne saurait être pris pour le signe évident de la répression des femmes. Ainsi que la vertu qui lui est attachée, je veux dire la pudeur, le voile est la métaphore nécessaire de la vérité. Vérité du désir. Vérité de la différence des sexes.

Ce qu'il réclame crûment elle le tait au fond de ses entrailles.

Quand il l'appelle, ou pour qu'il l'appelle, elle ne peut s'avancer que voilée, elle ne peut s'offrir que plus loin, anonyme, sombre, illimitée sous le voile qui la couvre et que pour lui parfois elle soulève. Car c'est à tout autre qu'elle veut, pour lui, par lui, s'abandonner enfin.

La pudeur n'est pas un vain mot. La pudeur n'est pas un artifice, une ruse, une encombrante vertu. La pudeur est le premier visage des femmes.

Ôte le voile et c'est encore une femme voilée qui t'arrivera sous sa peau de lumière ; femme, voile de Femme. Alors il se peut que pour toi elle soulève le voile ultime, et qu'elle te laisse entrer, là où c'est femme sans voile, là où c'est noir absolument. Elle se défait, elle défaille, elle s'abandonne. Elle sombre enfin. Avec toi.

Bien avant cette femme, c'est Femme qu'il cherche. Et à travers chacune. C'est ainsi qu'il s'égare parfois à les vouloir toutes.

Il n'y a pas de réciproque, ni de contraire, ni de symétrie. Une seule parole du désir dont les termes sont distincts.

Car avant tout homme, ainsi que lui, c'est Femme qu'elle cherche. Et au-delà d'elle-même pourvu qu'il la traverse et l'emporte avec lui. Et c'est ainsi qu'elle s'égare parfois à se vouloir toute.

Ce qui se cherche dans l'ardente pulsion c'est à rejoindre le noir mystère (et qui a pris pour nous corps de Femme), à entrer dans le silence de ce qui borde toute vie de part en part, silence même de l'Être, et qui nous vaut les plus puissants de nos mouvements, le désir, la peur, la violence, la presque intolérable félicité.

Pourquoi le silence de l'Être, et la mort, et le don de vie si précieux, mais si terrible dans son mystère, se confondent-ils à notre ardeur sexuelle ?

C'est que nous ne sommes pas seulement bordés,

cernés de noir mystère, nous en sommes hantés, forcés de l'intérieur. Nous sommes menés, accaparés, emportés.

C'est mystère pathétique effrayant la pensée, mais plus profond qu'elle car il la capte et la ravit. Alors la pensée cède, elle renonce, elle défaille, elle meurt dans l'orgasme adoré.

Je voudrais remonter à la source, au commencement, à l'aurore du désir. Si je veux penser le désir, je ne saurais m'en tenir à son émoi du jour, à sa morsure actuelle, à son visible éclat. Je ne saurais le concevoir seulement tel qu'il advient ici par la beauté d'une femme abandonnée, dévouée à la beauté.

De même qu'une femme n'attend pas qu'un homme la désire pour croître et s'épanouir dans le désir, et exprime déjà le désir dans le culte de sa beauté, un homme n'attend pas de désirer une ou des femmes pour cultiver depuis sa plus tendre enfance ce qui ne manquera pas de les séduire (du moins le croit-il absolument), d'emporter leur désir, il n'attend pas de désirer pour s'apprêter à être désiré un jour. Et tandis qu'elle s'essaye à la beauté, il trace les sentiers de sa gloire.

Rêvant des sommets inégalés de sa virile édification, il vit déjà dans le désir. Disposition active au désir de l'autre.

Pendant ce temps où elle se fait belle pour briller plus que d'elle-même aux yeux de qui la regardera, lui

129

s'acharne à se faire homme, un qui serait en quelque chose le meilleur, le plus puissant, le plus intelligent, le plus savant, le plus fort, le plus riche, prétendant au désir des femmes, se portant au-devant de lui, et s'exaltant déjà à l'idée de leur regard d'élection.

Et c'est ainsi que, devançant l'un et l'autre leur rencontre, ils s'éprouvent dans le désir de l'autre bien avant de l'avoir rencontré, le devinant intimement bien avant de le connaître.

Si les femmes savent, bien avant d'avoir été désirées, comment se fait le désir des hommes, les hommes savent comment s'enflamme le cœur des femmes, bien avant d'avoir été préférés, élus, magnifiés dans le regard d'une femme.

Ils communient l'un et l'autre au désir bien avant le désir, elle sous l'espèce de la beauté, et lui sous l'espèce de la gloire.

... Mais déjà, ayant dit qu'ils s'entendent et s'avancent l'un vers l'autre sans malentendu, je vois s'annoncer les nuages sombres de leurs chagrins, de leur ressentiment, de leur détresse. Et je n'ai pas fini de parler du désir sexuel — ai-je d'ailleurs jamais réellement commencé ? — que déjà il me faudra de nouveau parler d'amour...

On dit que l'amour est la grande affaire des femmes ; ça tombe bien, puisque c'est ce qu'ils veulent d'elles, ça et rien d'autre, et leur réclament éperdument. Comment les hommes songeraient-ils à être désirés, obsédés qu'ils sont par le désir d'être aimés ? Le désir manifeste d'une femme à leur endroit ne les atteint qu'en tant que signe de l'amour de cette femme ; signe merveilleux de l'amour désiré, signe insupportable de l'amour encombrant.

Depuis qu'ils ont eu l'idée d'écrire des romans où peut se réaliser leur plus simple et leur plus grave désir, ils écrivent toujours à peu près la même histoire : un homme désire une femme qui lui apparaît revêtue de toutes les grâces. Il la veut, il la veut tout à lui, il la veut corps et âme, le corps ne pouvant se rendre absolument si l'âme ne cède, si elle n'avoue son amour. Elle l'aime. Ce qui veut dire à tout jamais. Or voilà que ses grâces s'estompent. Le désir de l'homme s'engourdit et l'amour de la femme s'exaspère. Elle brûle, elle se consume, elle meurt d'amour...

Je vais trop vite, trop loin... Mais c'est que sur ce sujet je suis intarissable, et non dénuée de ressentiment...

Revenons plutôt en arrière, très loin en arrière, trois mille ans peut-être, quand se racontait entre le Tigre et l'Euphrate la légende de Gilgamesh, le jeune prince arrogant et superbe d'Ourouk...

Beau, puissant, irrésistible, il ne pouvait cependant chasser de son cœur l'idée horrible de la mort. Dans la vigueur de son jeune âge et comblé de tous les dons du ciel, il connut le tourment obsédant de la mort. Au point qu'il voulut la défier, se mesurer à elle et peut-être la vaincre. C'était une folle entreprise dans laquelle il entraîna son tendre ami Enkidou qui devait, lui, y trouver la mort. Il franchit les montagnes, pénétra les forêts interdites, provoqua les taureaux du ciel, affronta les plus terribles épreuves...

Or, lui qui rêvait d'inscrire son nom dans la pierre, de briller pour l'éternité dans la mémoire des hommes,

de contourner la mort par l'assurance d'une immor-
telle gloire, que dit-il avant de se jeter à l'assaut du
secret des dieux, avant d'affronter leurs certaines et
terribles vengeances ? S'exhorta-t-il au courage par la
furieuse beauté de leurs exploits ? Évoqua-t-il l'éclatante splendeur de leurs futurs triomphes devant le
peuple d'Ourouk ?

Non. Il chaussa sa cuirasse, nommée la Voix des
Héros, et se tournant vers Enkidou :

« Que je vive, s'écria-t-il, pour émerveiller ma mère
comme lorsqu'elle me tenait sur ses genoux. »

Enfant merveilleux, tu as été si beau dans le regard
de ta mère qu'elle a, en te contemplant, jeté la mort à
l'infini des temps.

Elle t'a préféré dans un seul rire et comme à tout
jamais au ciel, aux étoiles, aux dieux, aux plus fiers
guerriers, elle t'a préféré à ton père.

Serment immense et simple qu'elle a voulu en
chacun de ses baisers sceller en ton cœur : rien, ni
personne, jamais ne serait aussi beau que toi.

Comment, lorsqu'on se fait homme et qu'il faut
s'écarter de ces genoux, se départir de ce regard et
s'édifier hors de l'intimité-femme, ne pas brûler parfois de la plus atroce nostalgie ? Comment ne pas
vouloir revenir ? Comment ne pas vouloir renaître
dans le regard émerveillé d'une femme, de mille
femmes ? Comment ne pas rêver de gloire ?

Comment ne pas désirer, une fois, et encore une fois,

et indéfiniment, ce regard d'élection suprême, ce serment ébloui dont le nom est Amour ?

Les hommes rêvent de gloire comme de l'éclatant paradis perdu de l'amour.

Quand le jeune dieu du stade triompha de son adversaire il tomba à genoux. Il ouvrit immensément les bras, et tournant vers le ciel son visage où se voyait encore la torture de sa longue épreuve, ce fut comme s'il s'abandonnait à Dieu.

Mais il ne sut pas si Dieu le voyait, le reconnaissait, le préférait. Il ne sut pas si Dieu le nommait.

Alors il s'est relevé, a crié vers son père, et a couru vers lui. Père, père, prends-moi dans tes bras, j'ai trop souffert...

Le père ouvrant tout grand ses bras est accouru au-devant du fils. Le père compatissant a étreint son enfant de gloire, mêlant ses larmes aux siennes.

Et les spectateurs dans les tribunes et tous les humains en voyant le père et le fils enlacés ont mêlé leurs larmes aux leurs.

AGNUS DEI... Pardon pour nos fautes, pardon pour nos misères, pardon pour nos péchés...

La mère sur un gradin tout proche, glacée derrière ses lunettes noires, n'a pas risqué un geste, pas osé un sourire, pas proféré une parole.

134

Oh mère! N'est-ce pas toi qui as promis l'éternité?

Oui, c'est au père de consoler l'enfant de cette insupportable joie. Comme il a pitié, lui, de sa mort, et comme il le comprend...

Il fallait le voir volant au secours de son enfant et envelopper sa mortalité d'un immense linceul de tendresse.

Oh, fraternelle détresse, oh, sublime chagrin du bonheur dans le fils héroïque et le père enlacés!

Un an plus tard, le jeune dieu s'exila, perdit un combat, coupa ses boucles d'ébène, et épousa, dit-on une très belle. Il n'était déjà plus que célèbre. La gloire avait été une fois pour toutes. Achevée dans les bras d'un père.

Non, les hommes ne cherchent pas à être désirés des femmes au sens où ils les désirent. Ils cherchent déraisonnablement, éperdument leur amour.

Le désir des femmes leur est une étrangeté profonde. Ils sont impuissants à le penser (alors que les femmes savent si bien penser le désir que les hommes ont d'elles...) C'est ainsi que faute de pouvoir, mais c'est peut-être de vouloir penser le désir des femmes, ils le nient, ou, ce qui revient au même, lui attribuent une puissance occulte, démesurée, monstrueuse, maléfique.

Entre la dénégation du désir féminin et la croyance-terreur à sa voracité insatiable, il n'y a qu'un pas, celui de l'ignorance ou de l'aveuglement entêté.

Qu'il ne soit pas question de leur désir à elles. Et c'est ainsi que si souvent ils violent, arrachent les voiles, déchirent les peaux de lumière, se font criminels, bourreaux, assassins...

... Alors même qu'ils sont toujours hantés, possédés de cette immuable obsession : être aimé des femmes.

Être aimé, au moins d'une femme ; mais il faudrait

que ce soit comme si c'était de toutes. Comme si toutes femmes se pouvaient en cette femme qui l'aimerait.

Être aimé, être le préféré, l'élu, le dispensateur du souffle même d'une femme, source de ses ferveurs et de ses souffrances, et comme le créateur de ce corps dont sans lui elle n'aurait rien su.

Être aimé d'une femme : cueillir sur ses lèvres le tendre aveu, mais qui vaudrait pour l'éternité, qui serait au moment même du soupir un pacte irrévocable, comme de ceux qu'on fait avec le diable, à la vie, à la mort.

S'il est vrai, comme le confie un personnage d'*A la recherche du temps perdu* au narrateur, que les femmes ne pensent qu'à l'amour, les hommes pourraient bien avouer que c'est là leur vœu le plus cher ; pour autant, bien sûr, que cette pensée d'amour les concerne.

L'amour, c'est d'abord ce que les hommes demandent aux femmes de leur accorder : l'éternité d'un attachement ardent et fidèle. Le lien d'amour serait celui non d'une obligation mais d'un feu perpétuel et d'une élection indéfiniment affirmée.

L'amour, ce sentiment d'un éclat unique, à l'égal du sacré, et qui ne s'accorderait qu'une fois et à tout jamais, c'est ce que veut d'une femme l'homme qui va courir au plus loin et au plus dangereux, au fond des labyrinthes ou parmi les infidèles, affrontant la rage des cyclopes ou le charme mortel des sirènes.

Sans l'amour d'une femme, sans l'humble patience de son attente, où s'en irait donc l'homme de fougue génércuse ? Nul ne peut partir que dans la promesse d'un retour et porté par la foi d'une immuable demeure, demeure des soirs et des matins, demeure du pain et du repos. Image inaltérable d'un giron de toute bonté, à lui seul dévoué, et sans lequel jamais il ne pourrait se risquer dans de si folles entreprises, dont la fin dernière, la fin secrète, n'est peut-être que de mériter absolument son amour.

Les histoires d'amour, ce sont eux, pour la plus grande part, qui les ont racontées. L'amour heureux ne pouvant donner lieu à une « histoire », par définition en quelque sorte, ils nous racontent des histoires d'amour malheureux. Qui aime ? Qui souffre assez durablement, inexorablement, pour traverser le roman d'une vie ? N'est-ce pas presque toujours une femme ?

Séduite et abandonnée. N'est-ce pas la trame la plus constante de leurs romans d'amour ?

Voilà comment cela arrive. Un homme désire éperdument une femme, au point qu'il en va de sa vie. C'est ainsi qu'il le sent, ainsi qu'il le lui dit. Elle est charmée, elle est troublée, elle est bouleversée. Elle cède enfin. Elle s'abandonne, ce qui veut dire toute, de part en part, à la vie à la mort. Elle s'abandonne à l'amour dont elle ne sortira plus. Et maintenant qu'elle est abandonnée à l'amour, il va, il peut, brutalement ou pas à pas, selon les circonstances, l'abandonner. Les raisons en sont diverses, il se lasse, il a d'autres affaires plus graves à gérer, il doit partir à la guerre, il en désire une autre, un serment plus ancien le lie ail-leurs... Le fait est qu'il se retire, qu'il le veuille ou qu'il le doive.

Elle, elle saurait durer dans la brûlure d'amour,

tandis que lui ne pourrait brûler d'amour que dans le temps de l'anticipation et de la conquête de l'amour d'une femme. Elle, elle saurait demeurer malgré le temps dans l'éclat déchirant du premier instant, dans la ferveur infinie de l'aurore du premier jour...

Je ne sais pas si cela fut jamais, je ne sais pas si cela se peut, ce que je sais seulement c'est qu'ils voudraient qu'il en soit ainsi.

Mais pourquoi est-ce en elle que l'amour s'enracine, croît et s'étend au point de faire corps avec elle, au point où sa vie n'est plus qu'un interminable martyre d'amour ?

Pourquoi n'est-ce pas lui l'abandonné à l'amour, l'abandonné d'une femme, portant jusqu'au seuil de la mort la croix chérie de son amour, corps martyr de l'amour, pleurant, saignant, soupirant, et parfois encore extasié dans le tendre souvenir ?

Parce que cela ne se pense pas. Parce que cela serait comme une laideur, une indignité, une sorte de monstruosité.

Parce qu'un homme qui n'aurait d'autre charge, d'autre souci, d'autre peine que d'habiter l'amour, un homme qui n'aurait d'autres jouissances, d'autres souffrances, qui ne connaîtrait d'autres épreuves que celles de son amour, ne serait pas tout à fait un homme.

Bien sûr, une femme peut quitter un homme, bien sûr c'est lui qui peut être très malheureux, au point de pouvoir en mourir, mais ce qui est si difficile, pour ne pas dire impossible à raconter c'est la vie d'un homme qui durerait indéfiniment dans la brûlure extrême d'amour, d'un amour, d'un seul amour, y demeurant à

140

tout jamais corps et âme, ne connaissant d'autres pensées, d'autres désirs, d'autres labeurs et d'autres fièvres que ceux de cet amour.

Je vais essayer de dire pourquoi sans pleurer, sans me plaindre, sans nous plaindre, nous les femmes, puisque au fond je ne changerais pas ma part pour la leur, pas pour un empire, surtout pas pour un empire...

Un homme a, c'est plus qu'un devoir pour lui, c'est une nécessité, autre chose à faire qu'à baigner dans l'amour. Il faut toujours tôt ou tard qu'il en sorte, il faut qu'il sorte, qu'il aille dehors, guerroyer, travailler, festoyer, planter, bâtir, et pour tout dire, il lui faut quitter l'amour pour s'édifier. Conquérir sa propre valeur. Se faire valeureux.

Ne serait-ce que pour mériter un surcroît d'amour, une perfection d'amour espérée-inespérée. Ne serait-ce finalement que pour revenir à l'amour, plus somptueusement, souverainement, et délicieusement que jamais...

Voici donc le roman d'amour tel qu'ils l'écrivent dans sa forme la plus simple, la plus constante :

Une femme a été séduite, ce qui ne veut pas dire seulement possédée, mais rendue à l'amour. Une femme a été confondue d'amour. Confondue, vouée, consacrée à l'amour. Et tandis qu'elle s'abîmera à tout jamais dans l'amour, tour à tour sublime ou lamentable, lui s'en retirera pour un autre destin, d'incessantes conquêtes, d'interminables aventures.

L'homme, conquérant, messager et soldat de l'amour, ne connaîtrait que l'abord puis l'exil de l'amour, mais jamais son durable séjour. Elle seule saurait habiter et vivre en amour, ainsi qu'au premier jour, tour à tour victime ou prêtresse ; elle seule serait initiée finalement à l'art merveilleux, terrible, et comme surhumain, de l'amour.

Voilà ce que raconte Éros, et que chacun entend, auquel chacun, qui se veut homme ou femme, tente de répondre.

C'est ainsi que la question de la virilité est inséparable de celle de l'amour.

Être homme c'est d'abord répondre à l'angoissante
nécessité de se faire homme, de s'édifier, d'acquérir de
la valeur, d'être celui-ci, porteur de ce nom, aimable
parmi d'autres, et finalement préférable entre tous.

Le culte de soi, la fièvre du pouvoir, le désir de
reconnaissance sociale, le sens de l'honneur du nom, la
rivalité agressive avec les autres hommes, le goût
suprême de la gloire ne sont pas séparables de leur
aspiration première, ultime, à se faire aimer des
femmes, de toute femme. De Femme-toute. Même s'il
est vrai que la rage de se faire homme, le meilleur, le
vainqueur, le « Plus », l'angoisse de n'y jamais parvenir, ou celle de n'en être jamais assuré, suffisent à
différer indéfiniment la représentation du plus grand
bonheur.

« Je mettrai mon nom, avait dit Gilgamesh, à l'endroit où les grands hommes ont inscrit les leurs ; et là
où personne n'a écrit le sien, j'élèverai un monument
aux dieux. »

Qu'elle est grande leur peur de mourir ! N'ont-ils pas été morts déjà, n'ont-ils pas déjà été exclus et séparés ?

Un jour, femme-toute-vie les a poussés loin d'elle, les a désignés autres, les a promus à l'autre destin.

Un homme a été séparé, défait, écarté de femme pour se faire, s'édifier homme.

Une femme n'est jamais séparée de femme : elle n'est séparée que de sa mère, mais c'est à peine car déjà elle la poursuit, elle la prolonge, et la refait en fille...

Que brille mon nom, implorent-ils, qu'une femme me prenne, que femme me reprenne. Que l'immortalité me garde.

Dans *De l'amour* Stendhal écrit que le duc de Nemours recevant l'aveu de l'amour de la princesse de Clèves est plus heureux que Napoléon à Austerlitz.

L'amour d'une femme enfin accomplirait le désir. Car c'est en elle qu'il durerait ainsi qu'en son éclat premier. En elle, éternel berceau ou tendre linceul, reposerait à jamais la suprême valeur du bien-aimé.

Quel est le rêve ultime de Julien Sorel ? Être Napoléon ou être aimé des femmes ? Si ce n'est que Napoléon, quel désastre en effet, mais si c'est d'être aimé... alors, quelle apothéose !

« Dès sa première enfance, il avait eu des moments d'exaltation. Alors il songeait avec délices qu'un jour il serait présenté aux jolies femmes de Paris ; il saurait attirer leur attention par quelque action d'éclat. Pourquoi ne serait-il pas aimé de l'une d'elles, comme Bonaparte, pauvre encore, avait été aimé de la brillante Mme de Beauharnais ? Depuis bien des années, Julien ne passait peut-être pas une heure de sa vie, sans se dire que Bonaparte, lieutenant obscur et sans fortune, s'était fait le maître du monde avec son épée.

« ... Quelque épervier parti des grandes roches au-dessus de sa tête était aperçu par lui, de temps à autre, décrivant en silence ses cercles immenses. L'œil de Julien suivait machinalement l'oiseau de proie. Ses mouvements tranquilles et puissants le frappaient, il enviait cette force, il enviait cet isolement.

« C'était la destinée de Napoléon, serait-ce un jour la sienne ? »

Pauvre. Pauvre Julien, et pourtant...

Ne sont-elles pas deux, en amour également sublimes, à s'arracher ses derniers instants, l'une en tant que mère et l'autre en tant que reine ? Et la passion de l'une est si grande qu'elle ne saurait ternir celle de l'autre.

De cela seul, Julien jamais ne doute. Et quand vient le matin du dernier jour, il dit à son ami :

« Emmène-les dans la même voiture. Arrange-toi pour que les chevaux de poste ne quittent pas le galop. Elles tomberont dans les bras l'une de l'autre, ou se témoigneront une haine mortelle. Dans les deux cas, les pauvres femmes seront un peu distraites de leur affreuse douleur. »

On connaît la fin :

« Mathilde suivit son amant jusqu'au tombeau qu'il s'était choisi. Un grand nombre de prêtres escortaient la bière et, à l'insu de tous, seule dans sa voiture drapée, elle porta sur ses genoux la tête de l'homme qu'elle avait tant aimé.

« Mme de Rénal fut fidèle à sa promesse. Elle ne chercha en aucune manière à attenter à sa vie ; mais trois jours après Julien, elle mourut en embrassant ses enfants. »

Quoi, serait-ce là le terme accompli du désir ?

Qu'une femme (ou deux) vous aime à la vie, à la mort, alors même que vous seriez parti au plus loin de l'amour, au plus loin de la vie ?

Toute femme entrée dans l'amour n'y devrait-elle finalement séjourner qu'en souffrance de l'autre ?

Serait-elle seule toujours à devoir garder l'amour, alors qu'il s'en serait, lui, détourné pour un tout autre rivage, le jeu, la gloire, la mort ?

N'aurait-il tant voulu son amour à elle que pour pouvoir enfin oublier d'être amoureux ?

Elle aurait aimé à tout jamais. Alors il aurait pu, délivré de son tourment d'amour, s'en aller, insouciant et léger, certain d'être en amour gardé... ?

Ainsi serait l'amour des femmes ? Ainsi s'atteindrait la félicité des hommes ? Faut-il en rire ? Faut-il en pleurer ?

L'amour ne trouverait-il sa demeure perpétuée qu'au cœur à jamais désolé des femmes ?

Non, cela une femme ne peut ni ne veut le croire.

Car c'est autrement que s'est fait le serment. Ensemble ils ont juré d'être en amour ensemble.

Rien ne prouve que cela se puisse ? Rien ne prouve qu'il sera fidèle au serment ?

N'importe, dit-elle, c'est une question de foi.

Car l'un et l'autre ont cru. L'un et l'autre furent ensemble dans la foi jurée de l'amour.

Ils ont dit, l'un et l'autre, et l'un à l'autre, que l'amour se pouvait.

Une femme, a-t-elle dit, peut vivre dans l'amour d'un homme jusqu'à son dernier souffle.

Un homme, a-t-il dit, peut désirer jusqu'à son dernier souffle, encore et toujours, quand bien même il l'aurait obtenu, l'amour d'une femme.

L'amour ne se peut qu'à la condition de ce pacte.

La foi qu'ils ont nouée ensemble par amour de l'amour ne peut être déliée.

En cet instant où il désire son amour il jure de le désirer éternellement. En cet instant où elle l'aime elle jure de l'aimer éternellement.

L'amour est toujours fou. Mais c'est seulement à cette hauteur qu'il se joue.

Ce que je savais de l'amour quand j'étais enfant :

Un homme et une femme qui jusqu'alors avaient vécu à l'écart l'un de l'autre un jour se faisaient face. Ils se voyaient. C'était un instant de stupeur. De lumière éblouissante et d'ignorance. Une césure infinie dans le cours soudain suspendu de leur vie. Rien désormais ne serait plus comme avant. Ils allaient s'aimer. Ils s'aimaient déjà sans le savoir. N'était-elle pas celle dont il avait toujours rêvé ? N'était-il pas celui qu'elle avait si patiemment attendu ? Et c'était comme s'ils se reconnaissaient pour s'être aimés d'avance dans les limbes de leurs songes.

L'Histoire d'Amour, en chaque histoire reprise, et en chacune de mes rêveries récitée, évoquait l'épreuve la plus haute, la plus merveilleuse de la vie, mais aussi la plus étrange. D'un côté, on n'en pouvait pas douter, puisque c'était bien ce que l'on voulait absolument, mais d'un autre côté, c'était incompréhensible.

Car cela faisait au moins trois miracles en un (si on y regardait de plus près encore c'était une vertigineuse multitude de miracles qui s'y pouvait découvrir) :

148

Il rencontrait, comme par hasard, celle qu'il devait aimer.

Elle rencontrait, comme par hasard, celui qu'elle devait aimer.

Et comme par hasard, celui qu'elle devait aimer se trouvait être justement celui qui devait l'aimer.

Ne fallait-il pas pour que soit vraisemblable un tel concours de circonstances heureuses supposer une intervention divine (quoique les histoires ne la mentionnassent pas)? Mais cette idée qui se présenta parfois à mon esprit me répugnait. Nul, pas même Dieu, ne devait tenir les ficelles de l'amour. Il m'aurait fallu une autre idée pour comprendre une si extraordinaire combinaison de hasards. Je n'en avais pas.

Jamais pourtant, j'en suis certaine, n'entra la plus légère suspicion dans cette grande perplexité. L'Histoire d'Amour n'était pas une histoire. Je la croyais de part en part. Comme les autres d'ailleurs. Comme tout le monde. Enfin c'est ce que je croyais.

Ce que je ne pouvais imaginer, enfant, c'est que toute histoire se joue sur le fond de cette histoire miraculeuse, incroyable et pourtant crue, de l'amour, c'est que s'aimer ce soit faire ensemble le pari de rendre vraie l'Histoire d'Amour, de la tenter corps et âme, de la jouer une fois pour toutes, et encore une fois pour toutes quand la précédente a échoué...

« Veux-tu parier avec moi? Veux-tu qu'entre nous l'amour se fasse? Veux-tu que nous fassions l'amour? » Voilà ce qu'ose dire le premier regard

Regard brillant déjà de la fièvre d'une immense folie, regard dont l'audace est telle que celui qui a jeté le regard, mais ce peut être elle, et celle qui l'a reçu, mais ce peut être lui, tremblent également.

Mais parfois, maintes fois, il n'y a pas de réponse. Il n'y a pas d'autre regard. Il n'y a pas d'amour. Personne n'est amoureux. Mais parfois, et c'est terrible, un second regard répond au premier, dans une même audace folle et tremblée. C'est oui. Oui, je parie, oui je me risque avec toi. Fiançailles du secret. Saut commun dans l'azur. Premier pacte sans voix ni signature

S'ouvre alors la parole d'amour. Car c'est par la parole que les premiers abords se font, que le commerce se noue. L'amour ne peut se dire dans une histoire s'il ne donne pas lieu à tous les modes aggravés et embellis de la parole : la supplication, la plainte, la déclaration, l'aveu, la lettre, la prière, le chant... Qui pourrait dire que l'amour qui ne se profère plus, l'amour que nul n'entend, poursuit son chemin d'amour ? L'amour parle, écrit, confie, confesse, implore, vitupère, l'amour écrit des lettres, fait des poèmes, comme s'ils n'avaient pas tous été déjà écrits, ça ne fait rien, l'amour reprend sans se lasser la parole, l'amour ne sait pas, ne peut pas se taire, c'est plus fort que lui...

Mais comment se fait la parole d'amour ? Comment parlent-ils ? Quel est donc cet amour que porte la voix masculine ? Est-ce le même amour qui habite la voix des femmes ?

Ce que j'ai appris à force de lire les histoires, et mieux encore les lettres d'amour quand elles sont publiées, mais aussi à force de vivre, et de les voir vivre, à force peut-être de n'avoir jamais pensé sérieusement qu'à ça, c'est que les hommes et les femmes ne parlaient pas dans le même temps de l'amour, n'avaient pas du tout les mêmes choses à se dire, ni ne les disaient avec les mêmes accents.

Faudrait-il croire alors que c'est *malentendu* ? Est-ce que s'entendre, ce serait dire pareil, à tour de rôle, et sur le même ton ? Non, ils se parlent parce qu'ils sont deux et ne cesseront pas d'être deux en amour, et tour à tour bouche et oreille, sauf en cet instant peut-être où ils ne sont plus ni un ni deux, mais l'un et l'autre, et ni l'un ni l'autre, en cet instant où les voix propres défaillent en un cri anonyme, et par là même commun, en cet instant où on ne saurait dire qui a crié, qui a entendu. C'est leur plus-que-bouche commune, c'est leur plus-qu'oreille confondue, qui a crié, qui a entendu..

  « *Dans le mitan du lit la rivière est profonde,*
   Tous les chevaux du roi pourraient y boire ensemble. »

Profondeur du mitan, soif de mille chevaux penchés... Qui oserait dire que l'amour se dérobe toujours ? Qui n'a goûté au moins une fois, au point de ne jamais l'oublier, qui n'a conçu, si intimement qu'il l'a connu, ce breuvage plus fort et plus doux que tous les breuvages, rivière de vérité, de splendeur et d'humanité, creusant son lit dans le lit des amants ?

Ce n'est pas parce que les chevaux finissent par n'avoir plus soif, ce n'est pas parce que la vérité est une eau profonde que nul ne peut posséder, ni retenir, ni habiter, ce n'est pas parce que notre séjour est la terre et l'air, c'est-à-dire le feu, qu'il faut médire de l'amour comme d'un leurre, d'un mirage, d'un néant...

« *Dans le mitan du lit la rivière est profonde,*
Tous les chevaux du roi pourraient y boire ensemble. »

Et pourtant... le mitan du lit est le mi-temps de l'amour, l'entre-temps d'avant et d'après, l'antre infini dont nous connaissons pourtant la fin, puisque c'est hors de l'antre, hors de la profonde rivière du mitan du lit qu'il nous est donné de vivre, parfois sur les rivages bénis de l'amour, mais parfois très loin, si loin que c'est le désert, si loin qu'on se connaît comme seul, c'est-à-dire comme mort-vivant.

Il y a un avant de l'amour, il y a un après de l'amour, et c'est déjà l'amour, et c'est encore l'amour, pour peu que l'amour veuille le mitan de l'amour, veuille, ainsi qu'en ce soupir de Thérèse d'Avila, « boire à la source d'eau vive ».

Mais parfois quand nous parlons d'amour nous entendons l'avant de l'amour, qui bien sûr est amour, et parfois nous entendons la rivière profonde dans le mitan du lit, et parfois enfin nous entendons l'après de l'amour, qui est bien sûr encore l'amour, quand les chevaux ont bu, qu'ils secouent leur crinière souveraine, tendent leurs jarrets tout luisants de rieuse lumière, et entrent dans le jour.

152

Voici donc où je voulais en venir, et qu'il faut prendre légèrement, comme le livret des figures imposées de l'amour, danse par ailleurs éminemment libre, qui bien qu'elle ne puisse jamais prétendre se soustraire à ces figures imposées de l'amour, les joue, les échange, les inverse, les compose dans des combinaisons infinies. C'est ainsi que se fait le sort des vies particulières, l'étroitesse ou l'extraordinaire richesse des amours singulières.

Il y a ce qui s'appelle amour, qui est le temps d'avant l'amour, et qui est, en règle générale, le temps de l'amour dit au masculin. C'est le temps de l'épreuve transitoire, quoique irrésistible, où se veut, où tente de se conquérir farouchement l'amour d'une femme. L'amour d'avant, l'amour au masculin, s'y présente toujours sous l'aspect de l'urgence, et selon la forme accomplie du désir. C'est le temps où le désir est poignant, total, pathétique.

Ce qu'ils appellent alors amour c'est le désir dans sa vigueur première. Ils confondent l'amour à l'immensité de la splendeur convoitée. Ils l'appellent amour parce que c'est à l'amour qu'ils en appellent.

C'est alors que l'amour dit au masculin semble trouver dans le désir sa forme parfaite, indépassable.

Kierkegaard s'est enfoncé au plus profond de ce paradoxe tragique de l'amour dit au masculin, quand il envisage le *Don Juan* de Mozart, ou écrit par la plume de Johannes dans le *Journal du séducteur*.

Ce qui jamais ne se doit oublier c'est que Johannes, celui qui sait qu'il doit abandonner après avoir conquis, est amoureux, éperdument amoureux. Ébloui par la beauté suprême de ce à quoi il tend, il jure de rompre dès que sera accompli l'amour, don ultime d'une femme, grâce achevée de perfection. Impossible de durer en perfection; quiconque y prétendrait ne pourrait que déchoir. Quiconque voudrait séjourner dans l'amour ne pourrait que l'insulter et le souiller. L'amant fidèle est infidèle. Et seul l'infidèle sait ne jamais trahir. Constantin Constancius. Plus fidèle que fidèle. Absolument fidèle.

« L'objet du désir se trouve dans le désir. »

« Dans le singulier le désir trouve son objet absolu et le désire d'une manière absolue. »

Ce ne peut être que par la force de son désir que Don Juan séduit :

« En chaque femme il désire la féminité tout entière et c'est en cela que se trouve la puissance avec laquelle il embellit et vainc sa proie en même temps. »

Le désir de Don Juan, auquel il acquiesce comme à la forme accomplie de l'amour, ne peut aller au-delà de cet instant où une femme se rend à son désir de la féminité tout entière, y succombe, ou plutôt devrait y succomber, laisser penser qu'elle y succombe pour n'en pas revenir, c'est-à-dire aimer, au-delà de tout et à tout jamais...

Car « la suprême jouissance imaginable est d'être aimé, d'être aimé au-dessus de tout ».

Don Juan, dans une infatigable répétition, car c'est toujours la première fois, et comme la dernière, s'élance jusqu'au seuil de l'amour — séjour des femmes — et s'en retire pour s'y présenter de nouveau.

Don Juan est bien la figure pure, stylisée, de l'amour dit au masculin. Il est tellement fidèle à la forme parfaite de l'amour au masculin, si amoureux de cet

154

amour, qu'à force on dirait une femme... Comme elles au fond il ne pense qu'à ça, il ne vit que pour ça, l'amour est son séjour, sa demeure favorite, son inlassable souci...

Don Juan est homme certes, dans l'ordre de l'amour, mais bien peu viril selon l'ordre de la loi du dehors qui gouverne son sexe. Don Juan ne sort pas de l'amour (même si certains et toutes peuvent penser qu'il n'y entre jamais), parce qu'il ne s'écarte jamais des femmes, il ne va jamais au-dehors, il ne pense pas, il ne travaille pas, il ne joue pas, il ne guerroie pas...

Et Don Juan dans sa simplification outrancière devient peut-être une figure impossible. Car si les hommes n'habitent pas le jardin de l'amour au point de ne jamais rêver d'autre demeure, n'est-ce pas parce qu'ils sont impérativement requis ailleurs ?

C'est une question d'identité minimale et impérieuse. Le principe : on ne naît pas homme on le devient, ne vaut que pour les hommes. C'est le principe actif, indéfiniment reconduit de la différenciation sexuelle. Les femmes n'ont pas à devenir femmes, elles le sont. Leurs œuvres, leur mérite, leurs vertus, ne peuvent accroître ou diminuer leur « féminité », leur pouvoir de séduction (certes on peut le déplorer, mais ça ne change rien à l'affaire). Le devoir-être angoissant de la virilité, le si menaçant « Sois un homme, mon fils » n'a pas son équivalent pour les femmes. Être homme, se faire homme, ça veut dire d'abord penser à autre chose qu'à l'amour. Non pas n'y penser jamais, mais savoir sortir de la pensée de l'amour. Si être amoureux est un état d'extraordinaire vitalité (comme c'est beau d'être amoureux, s'avoue le séducteur de

Kierkegaard), c'est un état qui n'en est pas un, c'est celui d'un fleuve impétueux qui court à sa dissolution dans la mer, c'est l'aventure d'un abandon momentané quoique total à l'image de l'autre, c'est la mobilisation de toutes les énergies susceptibles de déterminer sa conquête mais c'est un non-lieu, un non-séjour, une crise, une tempête ; on dirait une guerre.

Que fait un homme amoureux ? Il parle à sa belle, il lui écrit, il la contemple. Que montre-t-il ? Qu'il est plein d'elle. Il parle son désir, ses yeux à elle, ses lèvres, son teint, sa taille, sa voix, son sourire, ses grâces infinies. Les lettres d'hommes amoureux sont pleines de toi, de tu, de la parole et du désir directement adressés.

Que fait une femme amoureuse ? Elle entre dans un état de grâce merveilleux, angoissant parfois dans son immensité, mais dont elle ne peut, ni ne veut concevoir qu'il ait une fin, une destination, une résolution somptueuse et apocalyptique. L'amour est son état de perfection. Elle ne veut pas autre chose. Elle veut tout ce qui est, l'instant, et tout ce qui dans l'instant se voit, se touche, s'entend et s'éprouve. Et elle rend grâce à son bien-aimé de cette simplicité extrême à jouir à laquelle il l'a rendue. Lui écrit-elle ? Sa lettre ne finit pas. C'est que tout est à dire au bien-aimé. La fête de son propre corps entré par le miracle de l'amour dans son aise de corps, dans son bonheur à sentir, à goûter, à penser. C'est à peine si elle lui parle de lui, évoque une image passée, formule un vœu. Il lui est à peu près impossible d'être ailleurs qu'ici, ce lieu où elle écrit, au cœur de son être. Qui n'est pas sa personne, mais sa conscience extasiée, ravie, déchirée de trop... Elle voudrait tout dire, se dire toute, voulant tout dire, l'heure, les bruits de la maison autour, le chant des oiseaux au jardin, la plainte du vent, ou le silence entrouvert de la nuit et jusqu'au bruit de la plume sur le papier. C'est que le bruit de cette plume est aussi la pensée du monde, des planètes et des humains, et c'est que, par la grâce de l'amour, le monde s'est découvert pour elle dans sa plus grande beauté ; elle dit beauté ou vérité, elle ne distingue pas. Elle appelle beau soudain tout ce qui se révèle, s'éprouve et se connaît. Elle lui dit que le monde a un goût de promesse infinie...

Une femme amoureuse est une femme rendue à l'amour. Non pas conquise, vaincue, réduite, mais au contraire immensément élargie en liberté, en puissance, en clairvoyance. Pour s'être rendue à son amour, elle se rend à elle-même. Ou, ce qui ne se distingue pas pour elle, car elle ne se soucie plus de sa personne mais de sa conscience, elle se rend à toute présence. Au printemps de l'existence. A l'acuité de toute perception. Une femme amoureuse est une femme rendue à l'extrémité de la connaissance inquiète et de la pensée ouverte, inachevée, du monde.

... J'aimerais insérer ici tout *le Livre de Promethea* d'Hélène Cixous. Ce que je m'applique à dire de façon allusive, imparfaite, parce qu'énoncé du dehors de l'amour, *le Livre de Promethea* en témoigne tout entier du dedans. C'est là quelque chose d'extraordinaire. Un livre d'amour, vous vous rendez compte ? Non, ils ne se rendent pas compte. Il se dit partout que les livres d'amour courent les rues, qu'il n'y a rien de plus banal que les livres d'amour. C'est vrai si l'on entend par livres d'amour tous les livres qui racontent des histoires d'amour, déroulement des mille et une péripéties périphériques de l'amour, rencontres, séductions, mensonges, trahisons, ruptures, jalousies, chagrins, oublis, vengeances, profusion d'événements ravissant l'attention du lecteur par tous les délicieux préludes de l'amour ou la funèbre beauté de la corruption finale de l'amour, et de sa déchéance. Mais ce sont livres à propos de l'amour, et à distance de l'amour, jamais livrés, jamais faits livres du cœur de l'amour.

« Je me rends cette justice, écrit Colette dans *le Pur et l'Impur,* que j'ai chaque fois attendu, pour dépeindre l'incendie, d'être un peu loin, au frais, et dans un lieu assuré. » Mais de quoi se rend-elle justice, sinon d'avoir toujours été convenable en écriture, d'avoir obéi à cette règle générale de décence, presque de politesse, selon laquelle l'amour ne peut — cela devient : ne doit — s'évoquer qu'à distance de l'amour ? Il y a là une conformité au code masculin du dire d'amour, alors même qu'il y a, cent fois évoquée dans Colette, l'épreuve toute féminine d'un lieu de l'amour, d'un intérieur embrasé de l'amour, dont on pourrait, dont on voudrait, écrire. Mais on ne le fait pas, parce que *ça ne se fait pas.* Ce qui se fait c'est de séparer les choses de l'amour et les choses du monde, le travail, la pensée, la guerre, la politique et les œuvres. D'un côté l'amour, et de l'autre, les livres. D'un côté les femmes, et de l'autre, les hommes. Quand on est un homme, ou quand on fait comme un homme ce qu'il est bienséant de faire selon la loi du monde et non celle de l'amour, il faut trancher ; soit on est tout occupé par une affaire d'amour, ce qui, comme chacun sait, ne dure qu'un temps, soit on vaque à toutes les autres affaires possibles du monde. La différence sexuelle s'organise alors dans les têtes, masculines ou féminines, selon le dessin suivant : il y a un dedans et un dehors, un lieu de l'amour où seules les femmes peuvent séjourner, et le vaste monde du dehors où s'édifient les hommes.

Pour peu que les femmes aillent dans le monde, pour autre chose que pour y apporter le signe de l'amour, il leur faut découvrir à quel point les hommes se troublent, s'exaspèrent d'être mêlés à elles. Être dans le monde, s'affirmer en tant qu'homme, c'est s'être séparé des femmes, écarté de l'amour. Toujours sous la menace de ce diktat, ils redoutent parfois plus que tout l'emprise des femmes, l'attrait de l'amour, et ils ne trouvent souvent alors d'autres moyens de les repousser que le mépris actif, l'insulte, le viol. Cela s'appelle la misogynie.

Du point de vue du monde, ou point de vue auquel les hommes sont appelés, l'amour n'a affaire qu'à l'amour, se situe dans un espace si étranger au monde qu'il ne saurait constituer un point de vue sur le monde, et quiconque prétendrait voir le monde et penser aux affaires du monde du fin fond de son amour serait comme un enchaîné qui prétendrait danser ou un débile mental qui prétendrait s'adonner aux joies de la physique quantique. De ce point de vue, qui n'interdit pas de croire, bien au contraire, qu'il n'y a rien de meilleur, de plus délectable ou terrible que les affaires de cœur ou de sexe, l'amour apparaît néanmoins menaçant. Il semble entendu que si on voit par les yeux de l'amour, alors on ne voit pas loin, on voit flou, et tout déformé ; et surtout on confond ce qui doit être impérativement distingué. Le corps et l'esprit. Le cœur et la raison. Toujours la même histoire.

Ce qui veut dire, en l'occurrence, que si l'on veut écrire ce que c'est que l'amour, ce qui se pense, se jouit, s'endure dans l'amour, il vaut mieux attendre d'en être à l'écart. Celui qui dans l'amour écrirait de l'amour ne pourrait finalement en dire que des bêtises ; c'est bien simple, il n'y verrait que du feu.

C'est ainsi que l'amour ne s'écrit pas. Pas du dedans de l'amour. Ou si rarement que c'est miracle.

Le Livre de Promethea est miracle parce que l'amour y est dit dans l'amour, et que l'amour s'y découvre non seulement comme épreuve de l'amour mais comme épreuve du monde, épreuve de la plus fine perspicacité, de la plus vaste générosité, de l'intelligence la plus aiguë.

« C'est le même monde pourtant, mais comme délivré de ses vieux mauvais sorts qui nous le montrent sombre, muet, sale, triste, cynique : c'est notre premier monde, le nouveau, l'éternellement nouveau, retentissant d'énergies et de pitiés, l'émerveillant émerveillé, l'enfant toujours recommencé, le richissime en beautés d'or et de trois sous, en bontés dans le confort et le dénuement, le regorgeant de regards confiants comme des poulains, de gestes puissants et maternels, d'alliances possibles, amitiés, fiançailles muettes et éternelles conclues dans le charme d'une seconde éphémère mais d'une eau parfaitement pure,

160

le fourmillant de chances, le plein, le gros, le patient, le toujours là, prêt à jouer avec nous... »

« Assouplissement... extension de l'amour, et on sent l'amour se propager sur toute la terre, et à travers les espèces, et il devient plus ouvert, et plus qu'humain et donc plus humain aussi... »

C est la plus haute grâce de l'amour. Quand le regard a rafraîchi la terre. Quand la terre rafraîchie a humanisé l'amour jusqu'aux confins de tous. N'est-ce pas seulement en de tels matins de l'esprit enfin affranchi de toutes les chaînes sclérosantes, abêtissantes, de la haine et du ressentiment qu'on devrait oser penser au monde ?

Qu'est-ce que c'est que ce pathos ? s'exclame-t-on du côté du monde. Mais du côté de l'amour c'est la limpidité même.

Dès qu'on sort de l'amour, dès qu'on prend le point de vue du monde, *le Livre de Promethea* heurte la commune décence, et bien plus que ne le font tous les produits d'exhibition sexuelle. Le sexe, que l'amour, lui, veut caché dans l'amour, se dénude volontiers dans le monde, dans la mesure même où il s'agit du sexe soustrait à l'amour. Du point de vue du monde rien n'est plus indécent que de mettre dans le monde (cela s'appelle publier) une écriture de l'amour née du cœur même de l'amour. Est-ce parce qu'on doute de la réalité, de la possibilité même de ce cœur ? Croit-on que l'amour est une illusion, un mirage qui se défait dès qu'on l'aborde, et ne saurait donc donner lieu à aucun point de vue sur le monde ? Quoi qu'il en soit, l'amour, ou ce que l'on prend pour tel, doit rester réservé, circonscrit. Si l'on veut en parler, en écrire, que ce soit alors à distance et au temps du regard froid reconquis. S'il est permis d'être amoureux cela ne concerne que l'être aimé. Affaire intime du strict entre-deux. Point de vue du monde. Point de vue obligé des hommes sur l'amour.

Le Livre de Promethea est une subversion du code mondain, du mode masculin du dire d'amour.

Livre-enfant de l'amour dont le miracle tient peut-être à ce qu'il s'est tissé dans l'amour de deux femmes, de deux aimées-aimantes. Je doute qu'un tel livre puisse jamais pousser dans l'amour d'une femme et d'un homme. Il me semble ne pouvoir naître que de cet étrange amour où elles sont deux à croire que l'amour a son assise dans le monde, qu'il est l'organe le plus délicat de la vérité, foyer de toutes les jouissances et source infinie d'intelligence généreuse. Il fallait que l'autre approuve ce dont l'une voulait témoigner pour que le livre se puisse. Je vois mal comment un amour entre homme et femme pourrait se ceindre d'un tel accord, réaliser une telle entente dans la pensée de ce qui est dû à l'amour.

Non, je ne dis pas que l'amour d'une femme et d'un homme est moindre que cet amour-là, ou qu'il ne saurait le valoir. Je dis qu'un tel livre ne pourrait naître d'un amour de femme et d'homme.

C'est que d'un homme à une femme, la disposition à l'amour, quand bien même il y a amour, ferveur et alliance, demeure à tout jamais distincte. Et l'amour ne se vit entre eux que dans l'espace maintenu ouvert par leur différence.

Il est vrai qu'entre les deux aimées-aimantes il y a différence, irréductible différence de l'une à l'autre,

162

entre-deux nécessaire où se joue l'amour, mais ce n'est pas pareil... Elles sont, elles, en même disposition indéfectible d'amour.

C'est une tout autre différence entre deux qui s'aiment, ou veulent s'aimer, quand ils sont homme et femme. Et dans la différence qui ouvre à l'immense désir poussera aussi leur plus noir tourment. La différence ne se franchira pas. Et la rage les saisira parfois de l'abolir, de rapter, de posséder, de tuer...

L'amour ne résout pas la différence dans la disposition à l'amour, puisque au contraire c'est en elle qu'il se joue, c'est en elle qu'il se veut.

Seul au cœur le plus étrange de l'amour, quand le sexe y a fait son nid bienheureux, dans le mitan du lit, au fond, dans l'antre du cri de jouissance, il n'y a plus alors ni homme ni femme, il n'y a plus ni un ni deux, il n'y a pas plus d'identité que de différence, puisque l'un ne se pourrait que s'il y avait un autre. Or il n'y a ni toi ni moi, IL Y A...

Comme au début, à la source, au pur commencement du vivre.

Pourtant après c'est chacun sur une des rives de l'amour qu'ils s'endorment. L'un est déjà tout proche des rumeurs de la cité, et l'autre jalousement tournée vers les beautés de son jardin.

Il y a tant et tant de souffrances d'amour... Et s'il s'agit de cette sorte d'amour si expressément portée dans la langue d'Éros, et qui est amour d'homme et de femme, il y a souffrances d'homme et souffrances de femme.

Or les souffrances d'amour, des uns ou des autres, ne peuvent s'entendre qu'à partir de l'amour, de ce pacte d'amour convenu d'avance entre eux, alors même qu'ils ne s'y sont pas encore et en personne, ouvertement et délibérément, risqués.

Il y a du pacte d'amour entre les hommes et les femmes.

Et leurs plaintes, aussi diverses soient-elles, finissent toujours par se ramener à celles de l'amour déçu ou de l'amour trahi.

Si nous voulons entendre ce qui se dit dans la plainte des hommes, ou dans celle, plus vive que jamais en ces temps troublés, des femmes, nous ne pouvons oublier qu'elles se jouent à partir de ce fonds indestructible et commun du pacte d'amour.

164

On peut faire mine de divorcer, croire qu'on divorce, ou se faire la guerre. Le pacte reste.

Et c'est à cause du pacte que la souffrance se fait et que l'amour se veut encore. Toujours. Dites si vous voulez que ça ne fait jamais à la fin que du malheur Dites-le vingt fois, dites-le cent fois. Vous ne convaincrez jamais personne. Et pas même vous. L'amour se veut.

Car nul ne pourra jamais décider si amour fait plus de douleur que de joie. Nul ne peut prouver définitivement qu'amour se peut ou ne se peut pas. Amour se veut ; comme s'il se pouvait.

Ce que nous connaissons avec certitude de l'amour c'est qu'il dit « toujours », ou « à tout jamais ». Ce que nous ignorons c'est s'il y eut jamais, s'il pourra jamais y avoir un amour fidèle, en réalité, à l'intransigeance du serment qui l'engage.

Mais nul ne pourra dire que l'amour n'est rien. Au moins existe-t-il, superbe et vierge de toutes les menues ou graves trahisons qui le menacent, en cet instant où l'enthousiasme amoureux s'excède lui-même dans le serment.

Nul enfin ne devrait pouvoir réduire l'amour à un sentiment. Quand bien même il y aurait un sentiment d'amour que l'on pourrait caractériser par son intensité ou sa forme particulière. Le propre de l'amour n'est pas dans un sentiment, même s'il l'implique, il est dans le pari d'amour, la croyance jurée à la puissance illimitée du sentiment, la profession de foi amoureuse, bref l'engagement entier de soi dans le serment d'amour.

Bien sûr, c'est une folie. Mais il ne nous sert à rien de

le dire ; puisque c'est ce que nous voulons, ce à quoi nous prétendons nous risquer. Quand on comprend ce que comporte de démesure insensée le plus obscur, le plus discret et commun des serments d'amour, on comprend aussi que cela puisse faire par la suite tant d'histoires, tant de livres et tant de drames, tant d'explications, de scènes et d'interminables paroles...

Car ce qu'ils promettent c'est beaucoup plus que de suivre une certaine conduite, ou d'accomplir une certaine œuvre. Ils promettent de renouveler indéfiniment leur promesse.

Ils promettent de tenir leur promesse, mais indépendamment de toute promesse. Car leur promesse n'est pas d'être tenue alors même qu'elle ne pourrait plus être proférée, d'être respectée alors que le désir n'y serait plus. C'est une promesse de désir, de jouvence, d'éternel matin.

Ils se jurent d'être fidèles non par fidélité à un quelconque serment mais par durée illimitée du geste engageant le serment.

Ainsi se promettent-ils de ne jamais faire quoi que ce soit qu'ils ne feraient que parce qu'ils auraient promis de le faire.

Ainsi se jurent-ils une fidélité qui ne devrait jamais rien devoir à la fidélité.

Et cela sans la moindre garantie, le moindre garde-fou. Le saut se fait dans le vide, sans filet ni parachute...

Il est vrai aussi qu'il se fait quand le cœur est devenu oiseau ivre d'absolu et qu'il a ouvert tout grand ses ailes dans l'azur.

Et après ? Après le serment ? Qu'en est-il de l'amour embarqué dans le pari de l'amour ? Peut-on dire ce que c'est que l'amour qui traverse le temps ? Peut-on dire, ceux-ci ne se sont pas aimés puisqu'ils se sont quittés, ou ceux-ci se sont aimés puisqu'ils sont jusqu'à la mort l'un à côté de l'autre demeurés ? Non, on ne peut pas le dire.

Serait-ce alors à la durée du sentiment amoureux reconduisant indéfiniment la promesse qu'on le reconnaîtrait ?

Mais qui pourrait me dire quel est ce sentiment qui traverserait les jours et les nuits, les saisons et les années ? Serait-il plutôt cette joie ou plutôt cette crainte ? ce cœur affolé ou cet innocent repos ? ce dessin exquis de toute chose ou ce sang martelant les tempes ? cet emportement de rieuse liberté ou cette chaîne d'angoisse qui parfois étrangle ? Serait-ce ce feu ou cette glace, cet enchantement, ces sanglots, cette aurore, cette obscurité, ce tout, ce rien, cette inconstante constance ?

Que dire du sentiment d'amour quand c'est la vie elle-même quand elle se vit ?

Si l'on peut tout dire du fin fond de l'amour, l'amour lui-même, en tant qu'il dure, ne peut se dire.

Pourtant, outre le serment qui l'engage et sans lequel il serait demeuré à jamais dans les limbes, je ne vois qu'une chose susceptible d'exprimer l'amour en tant qu'il dure, c'est l'impertinent défi jeté à l'inévitable déception. Le miracle de l'amour qui dure n'est pas de n'avoir jamais connu la déception, ce qui est impossible ; c'est que la déception ne lui ait pas été fatale.

L'épreuve de la déception est attachée à l'amour comme à l'amour du Christ son épreuve de solitude au Jardin des Oliviers.

Non, il n'y a pas d'amour sans chagrin d'amour.

Quand bien même il n'y aurait ni trahison, ni infidélité, ni mensonge. Le chagrin n'attend pas ces drames saignants, vulgaires, de l'amour. Il vient sans eux, bien avant eux, au cœur de l'amour le plus serein. Menues détresses de l'intimité serrant la gorge comme si elles allaient étrangler les minutes et les heures et tous les jours à venir, et puis non finalement, comme c'est étrange, l'amour, cette absolue confiance, recommence.

L'amour est toujours déçu, un jour ou l'autre, toujours trahi, non pas éternellement, mais soudainement, brièvement, au cœur de tragédies vraies quoique éphémères, négligeables sans doute quand on les considère de loin, et qui pourtant mettent l'épreuve de l'infidélité au sein de l'amour le plus fidèle. Ce soir, dit l'un, mais peut-être ne le dit-il pas, peut-être devra-t-il le taire (minuscule trahison faisant suite à celle du doute, qui était lui aussi minuscule trahison), ce soir, dit-il, j'ai cru que tu ne m'aimais pas, que tu pouvais en aimer un autre, que tu pouvais dissimuler, mentir, j'ai cru que tu restais là par habitude, par intérêt. L'autre dirait peut-être qu'il a douté un instant de son propre amour, qu'il a pensé que peut-être en effet il restait là par habitude, par intérêt. Doutant non pas de l'autre, mais de lui-même ; infidèle par excellence.

Ils pensaient n'avoir rien gardé par-devers eux, ils pensaient être venus l'un à l'autre dans la plus grande nudité... Ce qu'il leur faut apprendre c'est que nul ne peut alléger l'autre du fardeau de son être, viscères, mémoire, labeur solitaire, tourments. Ils étaient ivres de transparence, ils seront ivres encore, mais ils se voient, ils se verront opaques.

Le souci, humaine dimension du vivre, maintient entre eux une distance irréductible. Ils ne pensent pas toujours l'un à l'autre, et l'un à partir de l'autre. Sans compter que l'un voudra s'attarder dans la nuit et dormir au matin, tandis que l'autre se languira d'éveils crépusculaires ; et peut-être solitaires...

Parfois, perclus de peines et de pesanteurs, ils éprouvent, mais c'est à tour de rôle, la nostalgie d'un autre temps, quand ils se promettaient dans l'insouciance du brasier un éternel embrasement.

L'espace de leur différence, où s'est joué leur amour, où il se joue encore, ne se défait pas. Il est aussi celui de leur irréductible distance, de leur séparation essentielle, en jouissance seulement abolie et en alliance seulement consolée.

Mais quelle est cette déception inscrite au cœur de l'amour sinon celle que nous cause la mort ? Est-ce

bien vrai que tu m'oublieras infiniment dans la mort ?
Que je te renierai, faute de pouvoir aimer ? Est-ce bien
vrai que nous serons l'un de l'autre défaits ? C'est vrai.
Ne sommes-nous pas déjà morts puisque nous le
serons ? Oui. Le sais-tu ? oui, je le sais. Et toi ? Moi
aussi, je le sais. Alors ils se regardent du fond de leur
savoir. Et le tendre mortel tend la main à sa vivante
mortelle...

> « *Viens encore, viens ma favorite,*
> *Descendons ensemble au jardin...* »

Elle sourit au bien-aimé et promet d'inventer pour
lui le bonheur du déclin, et une autre ferveur, plus forte
et lumineuse encore.

Au cœur de la déception même, l'inépuisable res-
source...

Car nul n'évitera la déception d'amour, quand bien
même, et surtout, si l'amour ne s'est pas fait.

Est-ce la faute à « pas-de-chance » ? Je n'ai pas
rencontré l'âme-sœur, soupire-t-on. Mais qui peut
croire qu'il y ait des âmes-sœurs, sinon celles des
anges ? Oh, délire enfantin de l'attente amoureuse ! Ils
ne veulent pas être déçus, même pas de ça...

Il me semble qu'on n'a jamais tant rêvé d'amour.
Mais il me semble aussi qu'on n'ose moins que jamais
s'y rendre... On attend tout de l'amour, mais n'est-ce
pas seulement de l'amour de l'autre ? On veut éperdument être aimé, mais aimer ? Le risque semble mortel.

170

Les temps ne sont pas à l'abandon, mais à la réserve, pas à la dépense mais à l'économie, pas à la générosité mais à l'assurance, pas à toi mais à moi d'abord... De cette déception-là, nul ne sera consolé.

Hors de l'amour, quoique portées par son désir ou son regret, on peut entendre et distinguer les plaintes particulières aux hommes et aux femmes.

Tant que la part des uns et des autres sera dissemblable (et il y a fort à parier qu'elle le sera longtemps) et tant que se perpétuera la langue d'Éros, tous seront tentés, comme cela s'est toujours fait, de comparer, de redouter qu'à l'autre sexe ne revienne en définitive la meilleure part, ou le plus juste et profond regard sur le monde et partant sur son sexe. Du sexe, dont on convoite les ultimes faveurs, on redoute, dans une crainte profonde et archaïque, le jugement, et plus que tout la sanction du mépris.

Je crois que la plus constante douleur que les femmes infligent aux hommes est celle du doute, et celle que les hommes infligent aux femmes, celle de l'abandon.

Pourront-ils jamais savoir absolument qu'elles les aiment puisqu'elles peuvent faire semblant ? Les aiment-elles ou miment-elles l'amour pour apaiser leurs exigences pressantes et importunes ? Ne peuvent-elles pas dissimuler, mentir, être fausses ? Oui, elles le peuvent. L'amour seul, la folle confiance sans preuve peut dissiper le tourment.

Leur doute, c'est la même chose que le désir. Cela voudrait aller au-delà du voile. Là où on ne sait pas. Continent noir.

Mais elles, ont à subir une autre épreuve. Elles, elles se rendent à l'amour et eux, ils s'en vont, ils s'en retirent ; parfois à tout jamais, toujours d'une certaine façon. Ils ont d'autres jeux, impérieux, nécessaires, à mener en dehors de l'amour, celui de la guerre, des conquêtes, de l'Histoire, et partant de l'édification d'eux-mêmes. Aucun amour ne leur est suffisance de vivre, alors même que l'amour leur est nécessaire. Ils vont ailleurs, dehors, à l'écart des femmes, entre hommes, se liguer et se battre, détruire et construire, abattre et produire. Ils quittent le jardin de jouissance et d'intelligence du vivre. Ils les abandonnent.

Si seulement leurs peines s'arrêtaient là, l'amour suffirait à les consoler, ils feraient aux femmes le récit de leurs exploits et elles leur confieraient les beautés de la présence, les grâces de l'enfant, l'éclat incomparable de l'heure. Dans le mitan du lit il n'y aurait ni doute ni abandon.

Mais leurs peines s'aggravent d'un excès de partage du monde. Tout se passe comme si le monde se scindait en deux. Un monde des hommes dont les femmes seraient exclues, ou dans lequel elles ne pourraient être que méprisées, et un monde des femmes où les hom-

174

mes ne seraient que par obligation tolérés, mais également méprisés. Pour ne pas dire secrètement haïs.

Comme s'ils avaient leur propre domaine, leur propriété, et sur lequel ils régneraient en souverains exclusifs et jaloux.

Qu'elles viennent en ces lieux où ils régnaient en maîtres, ils s'offusquent soudain de leur proximité et de leur compétence. Ils ne peuvent les supporter à la même enseigne qu'eux. Ils les insultent, ils les dénigrent, ils les exploitent. Et comme si leur seule présence compromettait leur virile identité, leur importance antérieure, ils s'ingénient à leur faire la loi sous la menace et la contrainte. La loi partout. Dehors et dedans. A décider pour elles, de l'honnête et du malhonnête, du vice et de la vertu. A circonscrire pour elles, mais c'est finalement pour eux, le domaine exclusif qui devrait être le leur.

Alors quand elles sont humiliées, agressées audehors, elles se vengent tout à leur aise, et comme de gaieté de cœur, au-dedans. Ne sauraient-elles avoir *leur* domaine exclusif et jaloux ? De ce domaine elles interdisent aux hommes l'accès amoureux. Ici régnera l'amour et tu n'en seras pas. Elles aiment. A ça elles ne peuvent renoncer. Elles aiment les enfants et elles chassent les pères qu'elles tournent en dérision. Elles gardent jalousement le meilleur, les heures, les saisons, les rires, les baisers. Elles leur consentent le paiement de leur intime trésor, le linge, le couvert, le repos. Mais rien n'est donné du fond du cœur. Elles se font femmes sans eux. Autosuffisantes, puisque c'est possible. Puissantes. Terribles. Invincibles.

175

Il arrive que l'amour ne passe plus, ne puisse plus passer. C'est le temps de l'amour barré.

Au-dehors la misogynie pousse comme la mauvaise herbe sans que quiconque puisse s'imaginer l'avoir semée, tant chacun est convaincu de désirer les femmes et pense les aimer. Tandis qu'au-dedans la misandrie, qui se voit moins, exalte de puissance le cœur impitoyable des femmes méprisées.

On croit pouvoir alors parler de la différence des sexes, mais il ne s'agit plus que des constructions particulières qu'ils ont dû échafauder, chacun de leur côté, pour demeurer en indifférence. Deux indifférences sauvages.

Pourtant, le ver n'est pas dans le fruit. L'oppression des femmes n'est pas inscrite dans la langue d'Éros, où prend sens la différence des sexes.

Pourtant, les femmes souffrent. Elles le disent, elles le crient. Elles souffrent dans leur corps, dans leur cœur, elles souffrent au-dedans et elles souffrent au dehors.

Pourtant, je crois qu'il convient de distinguer ce qui dans la plainte des femmes a trait à la réelle déception d'amour — car l'amour manque, se dérobe, se retient, s'empêche — et ce qui accuse une oppression dont l'autre sexe peut être rendu responsable.

On s'appuie abusivement sur les conflits de pouvoir manifestes entre les sexes (pouvoir des hommes contre pouvoir des mères, par exemple) pour alléguer une

« guerre éternelle des sexes », fondée en nature et donc indépassable.

A vrai dire, si certains usent encore de cette expression vulgaire et éculée des rapports difficiles entre les hommes et les femmes, nul ne peut la prendre au sérieux.

Parce que l'oppression des femmes n'est pas une fatalité, parce qu'il arrive que les hommes n'oppriment pas les femmes, les conflits de pouvoir auxquels elle donne lieu sont circonstanciels et peuvent disparaître aussi spontanément qu'ils se sont instaurés. Parce que donc il n'y a pas nécessairement de conflits de pouvoir entre les hommes et les femmes, chaque fois qu'on parle de « guerre éternelle des sexes », c'est pour ne rien dire.

Chacun ne sait-il pas enfin, du fond de son expérience intime et irrécusable, que les hommes et les femmes se cherchent autrement que dans la passion de vaincre et de dominer ?

Tant que l'amour, qui n'est pas désir de la mort de l'autre mais au contraire désir de sa vie révélée, se voudra comme il se veut, candidement et absolument, l'idée d'une guerre des sexes restera ce qu'elle est, une idée stupide.

On me dit que les hommes méprisent les femmes à l'endroit même où ils les désirent. Que leur désir même est désir d'oppression, d'asservissement et de meurtre. A preuve le commerce des corps, la prostitution, la pornographie. Mais qu'est-ce qui est d'abord et fondamentalement méprisé là sinon la sexualité elle-même ? Qu'est-ce qui est outragé, insulté sinon le sexe en général, celui des hommes, celui des femmes ? C'est bien plus une profanation des hommes en tant qu'ils désirent les femmes que des femmes elles-mêmes qu'on ne cesse de désirer. Ce qui est profané c'est le sexe en tant qu'expérience pathétique, ultime de l'humain, là où se joint au fond de notre plus profonde nuit l'animal au divin.

Selon la langue d'Éros, non seulement les femmes ne sont pas méprisées mais elles valent en tant que telles. Une femme est désirée, aimée, non parce qu'elle aurait su se distinguer par ses actions, ses œuvres, son courage, mais parce qu'elle est femme. Parce qu'elle est, pour l'amant, l'incarnation la plus vibrante, et comme achevée, de toute-femme. Les femmes ne sauraient manquer de valeur, elles sont la valeur.

Le destin érotique des hommes n'est pas d'asservir les femmes, mais bien au contraire de les enchanter d'amour, de les conduire au séjour de l'amour qu'elles désirent habiter au-delà de tout.

Si tout destin a sa gloire, il a aussi sa nuit. Parfois nulle femme ne magnifie en amour le nom de cet homme. Et parfois nul homme ne désire éperdument l'amour de cette femme. Parce qu'ils veulent être magnifiés, ils peuvent être humiliés. Parce qu'elles veulent être désirées, elles peuvent être dédaignées. Mais quand l'amour manque nul n'opprime. C'est une souffrance nue, solitaire.

L'oppression commence là où les hommes prétendent avoir autorité sur les femmes et leur imposer une conduite destinée à satisfaire leurs propres désirs.

Quand ils cherchent dans le pouvoir qu'ils pourraient exercer sur elles la preuve tangible de cette supériorité native, mais toujours incertaine, mythe insistant mais toujours précaire, dont on les a bercés dès l'enfance pour les inciter à se faire hommes.

Si en toute société, ainsi que nous le montrent les ethnologues, on constate un partage sexuel des rôles et des tâches, il semble bien aussi que les activités considérées comme exclusivement masculines passent toujours pour les plus prestigieuses, alors que les activités féminines, également variables d'une société à l'autre, sont toujours décrites comme des activités humbles, médiocres, ou même impures. La noblesse, la grandeur, la valeur du faire humain se trouveraient toujours du côté du faire masculin, tandis que ce que feraient les femmes n'aurait d'autre valeur que celle de l'utilité.

Comme s'il devait être entendu que le plus noble revient aux hommes, dans la mesure où ils en seraient seuls dignes.

Ainsi on ne peut pas dire, les hommes s'emparent toujours de ce qu'il y a de mieux, puisque ce peut être ceci ou cela, qui ailleurs est réservé aux femmes, ce qu'il faut dire c'est, à ce que font les hommes la valeur est accordée, à ce que font les femmes la valeur est déniée. Tant que le métier d'instituteur était exercé par des hommes, il inspirait le respect et la considération. Il a perdu de sa valeur au fur et à mesure qu'il s'est féminisé, et les hommes s'en écartent désormais d'autant plus qu'il apparaît comme féminin.

Ne faut-il pas voir dans la fiction toujours reprise, mais jamais réellement crue, de la supériorité des hommes sur les femmes, assortie de celle de la plus grande valeur de leurs actions et de leurs travaux, un juste pendant de la valeur suprême accordée au sexe féminin, ainsi qu'elle s'énonce dans la langue d'Éros ? Un discours claironnant et spectaculaire contre le savoir le plus intime, inaliénable et discret, inscrit au cœur de tous ?

Quand j'écrivais *Parole de femme* pour dire que c'était merveille aussi d'être femme, je disais ce que tout le monde savait bien en secret. Ma seule indécence étant de dire ce qu'il est convenable de taire. Peut-être aussi avais-je rêvé d'arracher la fiction de la supériorité masculine, innocente en elle-même, mais redoutable dès qu'elle tente de s'imprimer par la force dans le réel. Peine perdue. On ne peut lutter que contre les effets pervers de la fiction, qui indéfiniment se reproduit. Comme si elle était nécessaire, comme si, sans elle, les hommes ne consentiraient jamais à être des hommes.

Comment, dans l'éventualité, la probabilité ou même, comme en tant de pays encore, la certitude de la guerre, pourraient être édifiés des hommes-soldats, fiers de l'être et donc courageux, ardents au combat, sans un culte particulier de la virilité, sans un discours public qui exalte les vertus masculines et la grandeur, la beauté, le sublime du geste du soldat risquant dans l'horreur sa vie pour la défense de la patrie ? S'il n'avait pas été bien entendu qu'il ne pouvait y avoir de plus haute charge humaine que celle de défendre la patrie, que c'était là une marque de gloire incomparable, inaliénable, des hommes, et comme une illustration sacrée de la prééminence de ce sexe sur l'autre, ça n'aurait jamais marché. Ils n'y seraient pas allés. Ils n'en auraient jamais voulu.

Si on pense à ce qu'est le devoir de guerre, on comprend tellement mieux comment s'est fabriquée l'image prestigieuse de la virilité. Comment, lorsque la guerre devient l'affaire de tous les hommes et plus seulement celle des seigneurs, l'idée de la supériorité d'une caste, maintenue et consolidée dans l'octroi des privilèges, se généralise en idée d'une supériorité d'un sexe sur un autre, maintenue et consolidée elle aussi dans l'octroi d'incomparables privilèges.

Si on s'arrête à penser un instant ce que fut la guerre de 14-18, on pressent que c'est là sans doute que la différence sexuelle articulée autour du devoir de défense de la patrie, et conférant aux hommes une arrogante suprématie, a été ébranlée à jamais, aux yeux de tous, autant à ceux des hommes qu'à ceux des femmes.

Aux hommes incombait donc la plus haute charge, celle de défendre la patrie — qui est une mère, comme chacun sait. C'est par là que les hommes étaient conviés à l'honneur suprême, en tant que protecteurs de la vie des femmes, de celle des enfants, de la fécondité de la terre nourricière.

Il n'y avait pas de plus noble équivalent du pouvoir de donner la vie, de porter les enfants, de les faire naître, de les nourrir, que de défendre la patrie. C'était bien là ce que chantaient tous les manuels scolaires au début du siècle.

La patrie ? Quelle patrie ? L'horrible carnage au service des grandes puissances affairées d'industrie et de négoce.

181

La patrie ? Quelle patrie ? Les morts atroces, l'humiliation terrible, la misère...

Déjà certains avaient perçu la dérision. Déjà certains s'étaient faits Hommes sans Qualités plutôt que pantins de la patrie. Déjà certains, à l'ouïe fine, aux narines délicates, avaient pris la tangente, le large, la marge, la littérature, la peinture, la poésie, la musique. Hommes étranges déjà, échappés de la virilité : des chats en vérité, des rêveurs, des ironiques...

La guerre ne s'envisage plus, sous nos climats, que sous l'espèce non d'un combat entre les hommes, mais de la destruction absolue. L'angoisse expulse désormais la guerre de nos pensées. Ni l'École, ni les mères, ne s'aviseraient plus d'exalter la virilité autour du devoir sublime du soldat. En tout cas, ce ne sera plus jamais par l'ampleur de leur courage, l'immensité de leur générosité qu'on pourra distinguer les hommes des femmes et leur attribuer la place d'honneur.

Il y a bien longtemps déjà que le mythe de la supériorité masculine a pris du plomb dans l'aile...

N'empêche. Nul ne peut en douter. Les mères continuent à susurrer à leurs fils la même histoire. A laquelle elles ne croient pas bien sûr. Mais elles ont leurs raisons, si elles n'ont pas raison Devenir un garçon c'est apprendre qu'on n'est pas une fille, coulée de source de la mère.

La féminité passe toute seule de l'une à l'autre. Effusion et confusion, influence et confluence. Il n'y a pas d'identité féminine, parce que c'est inutile. Seulement une identité masculine, mais jamais assurément donnée, toujours à conquérir. Identité qui ne s'acquiert que par le dressage, l'écart, la différence exigée. Cela ne se peut que dans le miroitement de la supériorité, la promesse de la gloire, promesse de l'émerveillement infini de la mère.

Un homme n'est jamais assuré d'être un homme tant qu'il n'a pas fait ses preuves d'homme. Les a-t-il d'ailleurs toutes jamais faites ? Sont-elles bien concluantes ? N'est-il pas faible aussi ? et tremblant ? et servile ? La voix antérieure de la mère qui enchantait l'enfant de son amour indéfectible vient apaiser un temps, un peu, le cœur douloureux de l'homme inquiet.

... Ai-je fait ce qu'elle voulait ? Pourrai-je jamais l'émerveiller comme lorsqu'elle me tenait sur ses genoux ? Est-ce que je ne vaux pas plus qu'une femme ? Si seulement c'était vrai. Faire comme si. L'idéal serait qu'elles le croient, qu'elles le disent, qu'elles le montrent...

Elles ne le croient pas. Ni dans l'enfance, ni dans la maturité. Ni dans la crainte bien réelle du père ou de l'amant censeur, ni même dans le ravissement d'amour. Mais parfois, souvent peut-être, par peur de fille, pitié de compagne, ou tendre rouerie de mère, elles font comme si.

Parviennent-ils jamais à croire qu'elles le croient ? Ils ne sont pas si bêtes après tout.

L'histoire de la supériorité masculine est une histoire cousue de fil blanc. Mais c'est un fil qui tient bon.

Car il faut qu'ils aient cru qu'il y avait plus d'avantages, de privilèges et d'honneur à être homme, il faut qu'ils aient voulu le croire pour consentir à s'écarter du féminin, séjour béni de l'enfance.

Il a fallu que l'humanité se poursuive, que la nais-

183

sance, toujours, efface la mort. Que la splendeur des enfants enchante de joie le cœur des adultes. Ce fut la peine des femmes.

Mais il a fallu aussi que la terre se garde, que l'histoire se fasse. Que les maisons s'édifient, que les ponts franchissent les rivières. Que les tyrans soient abattus et les méchants empêchés.

Les travaux, les œuvres et les combats ont été la part des hommes.

Comment, alors, auraient-ils pu vouloir le plus difficile, si cela n'avait été aussi le plus vénérable ? Si la charge qui leur incombait ne passait pas pour un privilège ?

Je ne dis pas que le monde est bien fait. J'essaie seulement de comprendre comment il s'est fait, et se refait. De déchiffrer un peu ce qui s'y dit, et s'y répète, quoi qu'on en dise.

Et je vois bien que se reconduit indéfiniment cette exigence d'une fondation de la virilité non seulement à l'écart du féminin, mais encore dans une lumière particulière. Je vois bien qu'il leur faut des travaux qu'ils soient seuls à accomplir, comme s'ils en étaient seuls capables et dignes.

Je vois enfin combien cette virile prétention se noue à la langue d'Éros. Poignant désir d'être élus des femmes, distingués, préférés. Si seulement il suffisait de ne pas être femme pour être désirés d'elles... Mais non. Rien ne dit jamais que les femmes aiment les hommes. Il se dit bien qu'une femme a aimé un homme, que celle-ci aime « à mourir » celui-là (les livres ne sont-ils pas pleins de ces récits ?), mais rien ne montre jamais que les femmes aiment les hommes, en

184

tant que tels. Les femmes ne seraient-elles pas plus enclines, prises elles aussi dans la langue d'Éros qui veut que ce qui est suprêmement désirable soit Femme, à s'aimer entre elles, à s'aimer elles-mêmes, objet ultime du désir, source de toute vie, faiseuses d'enfants et de bonne nourriture ?

« Si j'étais une femme, dit un jour Coluche, je me caresserais tout le temps les seins... »

Et dans cela, plus de vérité, je veux dire d'ouverture sur l'abîme de la différence sexuelle, que dans... Et puis non je ne dirai pas dans quoi. Qu'on le devine. Je m'ennuie trop à polémiquer.

Bref, parce que les hommes ne voient pas ce qu'il peut y avoir de plus intéressant que les femmes, sinon d'être aimés d'elles, ils s'acharnent indéfiniment à se rendre, à leurs yeux, intéressants.

C'est comme ça : il faut. Le malheur est que ça ne marche pas toujours. Parfois ils désespèrent de se rendre intéressants. Ils se vengent. Ils brutalisent. Ils oppriment.

Il y a de l'oppression masculine chaque fois que le mythe d'une différence prestigieuse entre les hommes et les femmes tend à s'exprimer sous la forme d'un rapport de force, à s'imposer comme une domination de fait.

On la voit alors se manifester sous l'aspect de tout un réseau d'interdits, de contraintes, de censures des femmes dans le champ social et politique, traditionnellement réservé aux hommes, et qui donnent lieu à toutes ces inégalités aisément repérables dans le Code, la formation professionnelle, l'emploi. Ensemble de ce que l'on désigne sous le terme maintenant admis de sexisme.

Or, quand bien même n'apparaît pas une lutte ouverte des femmes contre l'oppression, le sentiment de l'oppression existe bel et bien, et se traduit ailleurs, dans la construction d'un lieu du féminin comme une imprenable forteresse.

C'est vanité virile et niaise que de croire que les femmes aient pu admettre l'oppression dans la dévotion des hommes et maîtres. Comment vivre dans son

186

corps l'épreuve irréfutable de la violence sexuelle, et admettre, alors même que rien ne la rend nécessaire, qu'elle soit légitime ? Ni que cette supériorité de principe consentie aux hommes pour les « intéresser » à leur condition puisse jamais justifier les souffrances qu'ils leur infligent ?

Il faut lire l'extraordinaire pouvoir des mères comme une résistance active, efficace, au pouvoir des hommes. Il faut reconnaître dans la dépendance, parfois mortelle, des enfants, mais aussi des hommes, à l'endroit des femmes, l'affirmation vengeresse de leur puissance.

Il faut plus gravement comprendre le refus obstiné, et sans doute plus fréquent qu'on ne croit, des femmes à aimer, comme l'impitoyable sanction infligée aux hommes pressés de leur imposer leurs prérogatives.

Je ne crois pas non plus qu'elles aient jamais approuvé leur position d'inférieures dans le champ social. Elles ne s'y sont pliées que sous la contrainte, et cela d'autant plus servilement qu'elles savaient ailleurs être reines-mères et maîtresses-femmes, jalousement attachées à l'autre pouvoir, secrètement convaincues qu'au fond elles étaient les plus fortes. L'important étant bien entendu de ne pas laisser voir ce dont elles étaient convaincues.

La dissimulation est le recours ultime des femmes contre toutes les tentatives de mainmise des hommes sur elles. Elles font semblant. Elles mentent du bout des lèvres. Elles se taisent. C'est une arme terrible puisqu'elle permet de refuser à jamais — comme en un serment intérieur de non-amour — ce que l'on fait mine d'accorder. Les hommes ne sont jamais dupes qu'un temps. Ils savent bien au fond qu'ils ne sont pas aimés. Et parce que l'accès à l'amour est désespérément barré, ils violent encore...

— Dis que tu aimes ça...

— Non.

— Dis-le, dis-le, sinon...

— J'aime ça.

Un instant, côte à côte, on dirait qu'ils se reposent. Lui, pour n'avoir plus rien à prendre ; elle, pour n'avoir plus rien à refuser.

Elle ferme les yeux, elle se tait. Il a planté la haine, elle a planté le mensonge. A jamais. Elle a juré de ne penser désormais aux choses de l'amour, du rire et de la lumière que loin de lui. On dirait qu'ils sont ensemble, côte à côte. Ils ne sont même plus différents, ils sont séparés.

Cette haine semble souvent menue quand elle est tapie, prostrée au fond de la mémoire, mais un rien suffit à la réveiller, et à la révéler telle qu'elle est, incommensurable, inoubliable. C'est ce qu'on appelle les scènes de ménage. Mais on fait comme si de rien n'était. Comme si ça allait passer. Rien ne passe quand l'amour manque.

Or l'amour manque de plus en plus quand gagne la loi panique du chacun-pour-soi et du tout-pour-moi. Quand le monde paraît si dur, si effrayant que vivre ne consiste plus qu'à se protéger, se garantir contre toute dépense, se prémunir contre tout risque.

Or quand la sécurité a été acquise, et toutes les assurances possibles prises sur les biens, les personnes, l'emploi, les salaires, le temps de travail, contre le vol, les dégâts matériels la sécheresse et la pluie, les

188

catastrophes naturelles (mais c'est contre la maladie, le chagrin, la mort qu'il faudrait s'assurer), enfin quand on a pris toutes les précautions qu'on pouvait prendre, on s'aperçoit qu'on n'a rien ; même pas de quoi vivre, puisque l'amour ne se fait pas. D'autant que contaminés par les peurs du jour, ils veulent là aussi des assurances, mettent des conditions, négocient de subtils compromis. Il leur faut être certains, avant même que l'amour se fasse, que l'amour ne va leur ôter aucun des petits plaisirs qu'ils connaissaient dans le non-amour. Et ils sont tout étonnés, tout meurtris de se retrouver encore et toujours dans le non-amour.

L'amour manque et il se veut. Tous le savent pourtant. Il faut. Mais comment faire ? Par où commencer ?

On accuse parfois les femmes d'aujourd'hui d'avoir semé la déconsidération, le mépris, pour ne pas dire la haine des hommes. Comme si les autres les avaient attendues pour découvrir ces mauvais sentiments et fonder sur eux la satisfaction vengeresse de leur empire. Comme si les autres avaient su aimer, elles...

Est-il donc si difficile d'envisager de se mettre à parler là où on se taisait dans le ressentiment et la sauvagerie, crier sous la violence plutôt que de fourbir les armes de la vengeance, s'acharner à défaire un à un les nœuds de l'oppression qui, dans l'œuf, étranglent l'amour, est-il si incongru de déchiffrer dans tout ce remue-ménage l'extrême pari de l'amour, sa chance enfin ?

Interdit d'interdire.
L'amour, pas la guerre.
Sous les pavés, la plage...

On oublie la source, l'inspiration native, l'impertinence extraordinaire de Mai 68. Révolte spontanée,
impulsive, toute vivante, sans mot d'ordre, mais plutôt
inventant les mots du désordre et de la subversion
amoureuse. Une banale histoire d'étudiantes qui ne
pouvaient pas recevoir d'étudiants dans leur chambre.
Une histoire de répression sexuelle, d'amour empêché.
Et soudain cela apparut comme le plus grave, le plus
insupportable.

Il fallait que l'amour se puisse. Qu'il commence dès
maintenant. Qu'il se répande et subvertisse comme un
fleuve de vie les murs hideux de l'ennui, de la bêtise.
Refaire ici, maintenant, tout de suite, et par l'amour
du tissu d'humanité, celui-là même que l'ordre social,
la loi du profit, l'impérialisme de la consommation ont
détruit, désagrégé en milliers de petites consciences

isolées, avares, méchantes, craintives, et finalement stériles...

Ce fut beaucoup plus qu'un cri. Ce fut de la ferveur partagée. Du souffle. De la largeur. Des bouches qui se parlaient et des oreilles qui s'écoutaient. Des trésors d'intelligence et d'invention. D'inoubliables naissances.

Inspiration déjà étrangement féminine de 68, au sens où ce dont il s'agissait d'abord et avant tout, c'était de jouir, et d'apprendre à tout penser à partir de là, c'était de donner lieu à toutes les puissances créatrices, à la vie empêchée. Être ensemble, se parler, s'embrasser, puiser dans l'amour même la force de bâtir. Et cette idée, bien féminine sans doute elle aussi, que cela pourrait suffire à défaire l'ancien monde de répression, que la parole vive suffirait à étouffer la voix des lois qui interdisent.

Mais quand l'inspiration est trop vaste on finit par ne plus savoir comment la mener. On cherche dans ses souvenirs de révolte populaire et généreuse. On pense à la Commune. Peu à peu on coule l'inspiration première dans les moules familiers, et virils bien sûr, du militantisme. D'amoureux on se mue en soldats. Au lieu d'innover, de créer, d'inventer, on se met à discuter, à théoriser des heures entières. C'est qu'il paraît nécessaire de bien identifier l'ennemi. Il paraît urgent de désigner celui qui aurait tout manigancé pour empêcher l'amour, la création, la vie... La police, le pouvoir, le capitalisme, la bureaucratie, on n'est pas toujours d'accord. Qu'importe, on est déjà d'accord pour fourbir ses armes. Et on pense de moins en moins à l'amour et de plus en plus à la guerre.

N'empêche. C'est intimement fidèles à l'inspiration de Mai 68 que les femmes se sont mises en mouvement.

Affirmer un désir de femme, un vouloir-jouir, penser, agir, dénoncer l'oppression masculine où qu'elle s'exprime c'était poursuivre le sens même de ce qui s'était engagé en Mai 68.

Cela certes ne se pouvait pas sans luttes. Or la difficulté était vieille comme le monde. Comment, dès qu'il y a lutte, être certain de ne jamais recourir aux armes honnies de l'adversaire? Comment ne jamais reproduire ses tours favoris, ses manières, son style, et ne jamais user pour l'abattre des armes dont il use pour vous opprimer?

On peut voir dans les mouvements de femmes, et à travers leurs difficultés, leurs déchirements parfois, l'ambiguïté d'une exigence profondément féminine, mais qui se trouve acculée, dans une lutte aux dimensions sociales et politiques, à recourir aux formes traditionnelles du militantisme masculin. Rien d'étonnant à ce que la lutte se trouve parfois contaminée par les valeurs les plus éculées de l'univers masculin.

C'est sur les deux terrains de l'oppression masculine que les femmes ont engagé leurs luttes. Liberté sexuelle d'une part et égalité sociale de l'autre. Droit à la contraception libre, à l'avortement, et égalité dans la formation, l'embauche, le travail, les salaires, l'accès à tous les domaines d'expression sociale et politique.

Ce n'est là que nécessité impérieuse. Cela doit être acquis. Pas seulement au nom de la justice, de la liberté, de l'égalité, de tous les principes fondamentaux de la Constitution. Au nom aussi de l'amour, tel qu'il se veut encore et toujours au cœur de chacun. L'amour ne se fera jamais là où il y aura violence et domination d'un sexe sur l'autre.

Les luttes sont justes et nécessaires. Pourtant, parfois, à trop considérer les privilèges de l'adversaire, elles déraillent sur leurs traces.

On voulait être libre d'aimer, d'enfanter selon son désir, et il arrive que l'on se retrouve avide de se porter aux choses du sexe comme les hommes, comme ceux justement qui se tiennent le plus à l'écart du pari de l'amour. On s'applique à séparer le sexe de l'amour. A séduire et à jeter. A consommer sans rien donner. A prendre sans rien risquer. A plier l'autre à son caprice. A prendre Don Juan pour modèle de liberté. Liberté de vaincre, d'asservir, de régner. Liberté de ne pas aimer. Cruauté vengeresse de ces séductrices, étrangement aliénées, et idolâtres de la perversion masculine du désir...

Mais l'aliénation au modèle masculin vient se nicher aussi dans les luttes les plus évidemment féminines menées dans le champ social.

On veut pouvoir apprendre, travailler, penser, agir, décider, non pas forcément comme les hommes, mais comme on le veut, comme on le peut, et on se retrouve parfois un jour à vouloir ce que veulent les plus experts en oppression justement, l'argent et le pouvoir. Quand on est bien engagé sur cette voie, tout ce qui passe pour masculin semble désirable, tout ce qui passe pour féminin, humiliant. On ne se bat plus du tout pour donner lieu à l'amour, mais pour être des hommes, les plus réussis d'entre eux, ou les pires comme on voudra ; les maîtres.

Le féminisme vient heureusement soutenir et favoriser le mouvement d'intégration des femmes au monde du travail et de la création, mouvement indépendant en lui-même du féminisme, déterminé par d'autres exigences que celles de la liberté ou de l'égalité des femmes. N'importe ; le féminisme fait son ouvrage de dénonciation et de lutte contre les obstacles importants que les femmes rencontrent au fur et à mesure de leur pénétration dans ce monde. Mais les actions menées en ce sens ne sauraient se définir comme « révolutionnaires ». Elles accompagnent le dynamisme de la société dans son ensemble ; et loin de le gêner ou de le freiner, dans bien des cas elles le favorisent. Elles vont dans le sens du profit, de la consommation.

Le mouvement qui nous entraîne, de femmes réservées et intérieures en femmes dynamiques, de femmes dynamiques en féministes nous dépasse largement. Ni les femmes, ni les hommes n'ont la maîtrise de ce mouvement.

Les réticences des hommes que peut troubler la perte de leurs pauvres privilèges sont dérisoires auprès de la puissance irrésistible de ce mouvement. Il suit son cours, il nous traverse, il nous emporte, et nous sommes irritées et combatives quand les vestiges d'un autre ordre social gênent notre participation au nouvel ordre social. Nous sommes « modernes ».

En fait, nous sommes de plus en plus soumises aux valeurs de combativité, de profit, de pouvoir.

Il arrive même parfois quelque chose que je crois très nouveau, très insolite : certaines femmes se laissent gagner par une sorte d'admiration béate, irréfléchie des hommes (qui n'a rien à voir bien sûr avec le désir ou l'amour), dévotion entière à tout ce qui les concerne, les manifeste, et que masquent à grand-peine les coups de griffe et les morsures de la rivalité. Tout ce qui passe pour masculin se trouve immédiatement valorisé, tout ce qui passe pour féminin immédiatement déconsidéré, rejeté, dédaigné ; comme si ça allait de soi.

Le livre fameux de E. G. Belotti *Du côté des petites filles* est tout en entier dans cette ligne. Voici un exemple de sexisme, semblable à tant d'autres qu'elle relève à profusion :

« Durant une visite que j'ai faite à une jeune femme, mère d'un garçon et d'une fille presque du même âge, elle demanda au garçon d'ouvrir le garage pour y ranger ma voiture, et à la fille de m'apporter un verre de lait... L'adulte sélectionne les ordres qu'il donne selon un code précis dont il n'est pas vraiment conscient mais qui répond à la loi qui veut que les tâches plus honorables, celles du moins que l'on considère comme telles, soient confiées au garçon. »

Mais qui est ce « on » ? Qui considère le fait d'ouvrir le garage comme plus « honorable » que le fait d'apporter un verre de lait ? La mère qui répète, en l'entérinant dans les gestes, la différenciation sexuelle ? La petite fille ? Ou plus simplement l'auteur ? A quoi peut bien tenir la plus grande « honorabilité » du maniement de la porte du garage sinon au simple fait qu'il est attribué au garçon ?

On lit un peu plus loin :

« Dans le cas où la mère travaille, ses occupations sont tout à fait banales, subordonnées, de peu de

196

valeur : dactylo, femme de chambre, infirmière, institutrice. »

A aucun moment il ne vient à l'esprit de E. G. Belotti
que ces occupations ne sont banales et sans valeur que
parce que féminines.

Ainsi, quand elle compare les jeux de fille et les jeux
de garçon, c'est toujours pour souligner qu'au garçon
sont réservés tous les jeux « intéressants », alors que la
petite fille doit se contenter des choses les plus
« ennuyeuses et tristes ». Exemples : la poupée, repas-
ser, faire la cuisine, se maquiller...

Franchement, qui crache maintenant dans la bonne
soupe de la poupée, sur l'heureuse manipulation des
ingrédients culinaires, sur le plaisir volubile et géné-
reux, tripoteur de matière, beurre, œufs, farine, sucre
ou sur l'extraordinaire alchimie du paraître, sourires
inépuisables d'invention et de liberté, déguisement et
maquillage ? Qui trouve ça ennuyeux et triste ? Qui
méprise et dénigre ? Sûrement pas les petites filles qui
s'y affairent, ni les petits garçons secrètement, et
parfois explicitement, envieux. Qui, sinon toutes les
militantes pressées, naïves, de la moderne promotion
de la femme. Si on a quelque chose qu'ils n'ont pas
c'est certainement mauvais, et on n'en veut plus. S'ils
ont quelque chose qu'on n'a pas, c'est forcément
excellent et on le veut...

Quand le féminisme prend ce tour-là, j'y vois per-
sonnellement plus d'aliénation que de libération. On
pourrait dire que c'est question de point de vue,
question de goût finalement. Encore que mon goût de
la poupée ou de la cuisine, du déguisement puisse
paraître suspect. C'est moi qui vais me retrouver dans

la position d'aliénée... Bon, ne chipotons plus. Mais, au moins, si le métier d'infirmière ne vous plaît pas, ni celui d'institutrice, si vous n'aimez pas jouer à la poupée, ni faire la cuisine, ni vous maquiller, au moins n'en dégoûtez pas les autres. Laissez-les aimer ce qu'elles aiment. Elles ont toutes leurs bonnes raisons de jouissance.

Engagé sur cette voie le féminisme peut aller jusqu'au pire, tel qu'il apparaît dans certains magazines toujours désignés comme féministes : comment réussir, comment accéder au pouvoir, à l'argent, comment s'approprier une à une toutes les armes de la domination. Ce n'est pas le monde à l'envers, c'est le monde accéléré, précipité dans son plus mauvais sens...

Très tôt pourtant, certaines avaient bien perçu les risques finalement mortels, pour elles d'abord, pour tous ensuite, qu'il y a à revendiquer tous les appareils, tous les monuments de l'oppression masculine.

Elles voulurent se tenir hors du champ de la compétition, de la course aux honneurs et privilèges masculins. Il fallait considérer justement ce qui était en péril, le féminin, et lui donner son lieu, son séjour de vie, le rendre à son corps, à sa jouissance, à sa parole propre. Femmes entre elles. Emerveillées de leur intelligence profonde du vivre, de leur savoir fondé en expériences intimes, de leur savoir-faire, transmis, accumulé, grandi de mères en filles, bref rajeunies par l'affirmation de leur fécondité propre, de leur puissance. Bonheur aussi étrangement féminin à n'être plus telle ou telle, mais l'une ou l'autre, l'une et les autres, prise et fondue dans le vaste corps féminin, sans limites assignables, chaud, léger, libre enfin... Femmes à l'écart des hommes, sans nom propre, seulement prénommées, creusant leur séjour d'amour et de puissance dans le seul féminin. Se pourrait-il que Femme-toute trouve son corps réel ? Ivresse de l'autosuffisance...

Mais un jour, ou petit à petit, voilà qu'ici aussi ça tourne mal. L'identité constituée à l'écart de l'autre fabrique du pouvoir. On refait peu à peu ce qui s'est fait, chaque fois que les hommes ont cherché à imposer aux femmes un pouvoir d'hommes, on se retire et on ferme, on fait ce qui s'est fait des milliers de fois, et se fait encore un peu partout dans les familles, les tribus, les villages, on fait le gynécée. Pouvoir des mères contre pouvoir des hommes.

L'amour entre hommes et femmes, qui seul peut défaire l'oppression en ces lieux rares et modestes où il s'engage, l'amour cherché en humanité, de l'un à l'autre, et de l'une à tous, se trouve empêché, interdit. Et dans le grand brasier d'amour féminin c'est l'enfant qui se trouve dévoré à satiété.

Sans doute les luttes nouvelles, malgré l'inspiration originale qui les guide et les déplacements qu'elles réalisent, ont-elles toujours tendance à retrouver les formes archaïques du ressentiment et de la vengeance. Ce n'est pas à cela qu'on peut juger ce qui est en jeu dans les luttes nouvelles.

Sous les pavés, la plage.

L'inspiration elle-même demeure et se poursuit. Inspiration fidèle à la langue d'Éros inscrivant les femmes en disposition entière d'amour, inspiration

199

nouvellement subversive en ce qu'elle prétend s'inscrire *en réalité* dans le corps social. Sous les pavés, la plage. Les pavés peuvent un à un être retirés. La plage peut se découvrir. Elle se veut désormais ouvertement.

Et les femmes ont réellement changé, déplacé quelque chose de l'ordre ancien. Elles ont cessé de faire comme si. Comme si elles aimaient ceux qu'elles n'aimaient pas. Comme si elles admiraient ceux qu'elles méprisaient. Comme si elles n'avaient rien à dire, alors qu'elles n'en pensaient pas moins. Elles ont choisi de dire. De se dire et de dire ce qu'elles en pensent ; des hommes et du reste, de la jouissance et des enfants, de la vie et de la mort.

Elles ont choisi de ne plus faire semblant. Bien sûr ce ne sont pas que les bonnes pensées qui se découvrent, ce sont aussi les mauvaises, jusqu'alors renfermées en silence de haine et de mépris. Pourtant ce n'est ni haine, ni mépris parce que c'est parole, ouverture à l'autre, engagement, appel.

Ne plus faire semblant, c'est bien le premier geste d'amour qui peut venir d'une femme...

La différence des sexes telle qu'elle se représente à travers le partage des fonctions, des attitudes, des rôles, n'est qu'une illustration, une imagerie de la différence telle qu'Éros la porte. Elle est contingente, aléatoire. Il est évident qu'elle s'est brouillée, et que les repères dont on usait pour caractériser les sexes se sont estompés.

Il semble pourtant qu'elle tende à se refaire, dans un autre espace.

Les femmes vont et iront sans doute encore de façon privilégiée du côté des métiers où il s'agit de favoriser la croissance, l'entretien, la conservation de la vie, les échanges des êtres entre eux, parce que c'est là qu'elles trouvent l'occasion de développer les qualités et les savoirs propres, dont leur passé, leur mémoire sont riches. Partout où il s'agit de soigner, d'éduquer, d'échanger, de secourir, de gérer comme on gérait un ménage...

Et les hommes s'éloignent d'autant plus des professions qui leur conviennent qu'elles s'y portent massivement candidates. Ils vont du côté de ces métiers où il

201

s'agit de produire les biens, d'innover et de combattre, de décider et de conduire. La science, les techniques nouvelles, l'industrie, les affaires, le pouvoir...

On me dit : mais alors, ils auront toujours le meilleur ? Je réponds que ces activités ne sont prestigieuses que dans la mesure où les hommes y prétendent et s'y appliquent. Ma réponse sans doute ne change rien à l'affaire ; les activités spécifiquement masculines n'en demeureront pas moins prestigieuses. Ce qui ne va pas sans danger. L'inscription concrète de cette valorisation du « masculin » est toujours menaçante : rien ne conforte mieux le prestige masculin que de moins payer les femmes et de les faire travailler davantage. Et cela finit par jouer comme une sorte de preuve qu'elles valent moins qu'eux. Le plus terrible bien sûr c'est quand elles commencent à le croire...

Alors lutter quand on est femme, c'est empêcher que ne gagne la dépréciation, l'insignifiance, la dépréciation de tout ce qui touche au féminin de près ou de loin, car c'est bien par là que commence l'exploitation.

Que l'on bagarre pour que les femmes puissent avoir accès aux carrières hautement masculines et donc prestigieuses (et donc mieux rémunérées), c'est bien. Mais c'est loin d'être, à mes yeux, le plus difficile, le plus nécessaire, le plus urgent.

C'est le « féminin », tout ce qui a été traditionnellement ou nécessairement imparti aux femmes, qui est en péril dans un monde où les attributs du masculin font seuls la loi : chacun-pour-soi et tout-pour-moi.

Le tissu communautaire se défait. La mauvaise peur gagne, l'angoisse agressive s'accroît. Le travail manque. L'ennui s'exaspère.

Que prétend-on apprendre aux enfants ? Rien d'autre qu'à s'apprêter à trouver un emploi. Le meilleur possible, ce qui veut dire le mieux assuré, le mieux rémunéré. Aucune autre vertu n'est requise que celle de la combativité. Les places sont chères. Les vaincus seront légion. Le tout est d'être du côté des vainqueurs.

Où les enfants apprennent-ils, et de qui, ce que c'est que l'humain ? l'échange, le partage, le don, la communauté, l'attention, la patience de l'autre, la simple jouissance de vivre ?

Si tout cela ne vient pas des femmes, et de là où elles sont, dans le monde maintenant et plus seulement dans la famille, si cela ne vient pas d'elles, de qui est-ce que cela viendra ?

Notre monde est devenu très riche, très savant, très armé. Mais voilà que nous sommes entrés dans la plus noire déception, celle dont on se venge avant de chercher comment s'en défaire.

Comme si s'était égaré le sens même du désir. Comme si le pain même de la vie faisait défaut.

Si au moins ils savaient ce dont ils souffrent quand ils souffrent, et qu'ils se durcissent et qu'ils se font étroits, méchants, stupides...

N'est-ce pas les femmes qui devront, maintenant qu'elles sont parmi eux, leur dire ? Leur dire, leur chuchoter ou leur crier qu'ils souffrent de l'amour qui manque, qu'ils souffrent de ne pas vivre, car c'est tout un ?

Elles étouffaient d'amour, elles étouffaient par l'amour dans le giron familial. La porte s'est ouverte. Voilà qu'elles peuvent maintenant aller au-dehors du dedans de l'amour.

C'est une chance immense à courir. Peut-être la dernière.

Puissions-nous jusqu'au dernier instant nous souvenir de l'amour qui donne vie...

Car si jamais s'abandonnait le désir d'amour qui nous adresse à l'autre et par lui à l'humain, alors le jour pourrait s'éteindre et le monde mourir ; vivre serait devenu plus qu'atroce, impossible.

Comme à peu près chaque jour, elle avait dit en sortant de la maison, allez, on se dépêche, et ils avaient pressé le pas, craignant d'être en retard.

Puis avant de les lâcher au coin de la rue, sur le trottoir de l'école, elle les avait un instant tenus chacun par le cou, la fille à gauche, le petit à droite. Ils s'étaient tournés vers elle dans un mouvement d'habitude pour recevoir le dernier baiser. Or, tandis qu'elle se penchait sur les joues lisses et fraîches du bon vent d'automne, la sonnerie d'entrée en classe les lui avait arrachés. Ils s'étaient échappés anxieux sur un baiser approximatif, plus évoqué que donné.

Elle les avait regardés courir dans leur ciré de couleur, la main dans la main. La grande lui avait jeté un petit signe avant d'entrer. A tout à l'heure, avait-elle répondu bien fort. Mais ils avaient déjà disparu.

Alors elle avait éprouvé du regret à cette séparation bâclée et s'était irritée à l'idée de la hâte essoufflée avec laquelle ils avaient dû avaler le chemin de la maison à l'école.

D'autant qu'il y avait justement ce bon vent d'automne, humide et fou, qui soulève tant de mémoire, mémoire d'école, de noix fraîches, de pommes reinettes, mémoire intacte du désir, il y avait ce vent comme une large cape ouverte, comme les ailes des plus hautes corneilles enivrées de leur cri. Oui il y avait ce vent qu'elle s'était mise à goûter sans eux, abîmée de regret.

Elle les avait imaginés riant sautant d'un pied sur l'autre, jouant à attraper les feuilles, ou à ramasser des marrons. Et l'un des deux lui aurait tendu un marron obèse rutilant comme un sou neuf où le jour se mire, en lui disant encore, ainsi qu'une autre fois, regarde, c'est un marron glacé...

Penser qu'il leur aurait suffi de quitter la maison quatre ou cinq minutes plus tôt... Tout ça parce qu'elle avait désiré s'enfoncer, pour un court instant encore, dans le rêve décapité par le réveille-matin ; comme si jamais chose pareille eût été possible...

Alors elle avait regretté d'avoir, pour rien, laissé venir l'urgence. Elle avait regretté tous ces gestes précipités, désaffectés et raides comme les aiguilles de sa montre, réveiller, aider à s'habiller, faire le petit déjeuner, coiffer, regarder l'heure, se presser, presser, se jeter dehors, les tirer dehors... Mais elle avait regretté aussi le rêve inachevé, mort-né au fond du sommeil, enseveli dans la vase sombre du lit. Finalement elle avait eu du regret de s'être usée à répéter tant de matins ces mêmes regrets. Y avait-il un moyen d'échapper aux fatalités molles, de saillir du regret triste et sans visage, de commencer à vivre ?

Quelques attardés avaient suivi les siens. Elle avait entendu le choc de la lourde porte refermée. Et la petite rue avait été presque déserte. Elle avait levé les yeux vers le ciel. Les hauts immeubles avaient tangué dans la fuite des nuages. Vertige. Puis elle avait fait demi-tour et pris le chemin du retour, troquant le regret contre le souci, appliquée à un décompte méthodique des tâches de l'heure, travaux en cours, coups de téléphone urgents, factures à régler.

C'est alors qu'attendant le feu rouge pour traverser elle éprouva une sorte de plaisir élémentaire à observer la lente montée, bruyante et sûre, du 67 qui venait vers elle dans la rue Bobillot. Et si elle le prenait ? Oui, l'autobus, celui-là. Mais pour aller où ? nulle part. Pour aller ailleurs. Ou plutôt pour aller ici, maintenant, pour y être tout de suite, entièrement. Elle courut pour attraper l'autobus à la prochaine station, vérifiant à la hâte qu'elle avait sur elle de quoi circuler.

Il n'était pas certain qu'elle pût monter. Il y avait beaucoup de monde. Si elle ne pouvait pas, tant pis, elle rentrerait, d'ailleurs ce serait plus raisonnable. Elle hésita, amorça un mouvement de repli, l'interrompit. L'autobus pouvait absorber tout son monde. Elle grimpa la dernière et les portes se fermèrent derrière elle.

Elle oblitéra deux tickets dans l'éventualité d'un long parcours. L'autobus était bondé. Elle ne put s'avancer d'un pas et resta où elle était montée, à la droite du conducteur, que d'abord elle ne vit pas. Elle était tout à l'étonnement d'une transmutation si brusque et radicale. Comment avait-elle pu en un éclair passer de sa marche morose vers la tanière des devoirs à cet embarquement irrésistible, mais tout à fait impertinent, irresponsable ?

La situation s'était renversée de façon si incongrue qu'elle dut se retenir de rire.

Elle fit face tout entière à la large vitre avant. Inattendue, l'ampleur ouverte de la ville lui apparut bienveillante, favorable à cette aventure qu'on pouvait prendre pour une gaminerie. Comme si la ville, belle soudain d'être découverte, approuvait son incartade. La ville, les hommes, le jour gris, cet autobus, simplement l'accueillaient.

Par les yeux, par le front, par les joues, elle respira.

La rue était encombrée. L'autobus n'avançait guère. Elle n'était pas pressée. Elle était haute.

A la station suivante, quand d'autres gens montèrent, elle s'arrangea pour les laisser passer et demeurer, elle, à sa place. Elle craignit que le conducteur ne l'invitât à s'avancer vers l'intérieur ; mais il ne dit rien.

L'autobus s'arrêtait tous les vingt mètres. Il se mit à pleuvoir. Au-dehors des hommes relevèrent le col de leur imperméable, des femmes ouvrirent leur parapluie. Ils se hâtaient vers la bouche de métro. Le conducteur mit l'essuie-glace en route. Et elle, d'un revers de main, écarta sa frange de cheveux qui lui gênait le haut du front.

Elle se sentit grande, balayée, nettoyée. Elle se sentit aérée. La présence pouvait entrer, le corps pouvait s'offrir. Elle bénit cette pluie qui lui lavait le cœur.

La place d'Italie fut contournée assez rapidement, mais, boulevard de l'Hôpital, ce fut de nouveau l'encombrement. C'est alors qu'elle l'entendit très nettement soupirer.

D'abord elle vit ses mains. Seulement ses mains Mains larges, musclées, mains paisibles sur le volant, presque en repos. Dessin affirmé de ces terres granitiques qu'on nomme pénéplaines. Combinaison étonnante du vaste, de l'horizon en vagues ouvert, et de l'intime, du détour soudain, du recoin, du repli. Pleines mains, sans négligence, sans concession. Mains tout entières appliquées à elles-mêmes. Mains, toutes mains.

C'étaient des mains. Elle n'en revenait pas.

Une telle splendeur. Mains. Maman. Mains. Manger. Mains. Demain. Mains. Matin. Mains-mourir-amour-mamourir...

Elle contemplait le soupir maintenant reposé, confondu au repos attentif des mains. Mains, plages extrêmes, achevées du soupir, où glisser en pointe de soie ses propres doigts.

Il avait soupiré et elle l'avait entendu. C'est par les mains qu'elle serait liée, elle le sentait bien, jusqu'au bout du voyage.

Du soupir rêvant entre les doigts comme un fleuve alangui elle désira la source fraîche. Et des mains elle osa remonter au visage.

Il y eut cet instant où leurs regards se touchèrent.

Déchirure. Césure d'infini. Entre l'œil noir et le ciel vagabond, il y a tant de place pour aimer...

N'est-elle pas là debout, fidèle à ses côtés, à cette place ouverte de l'amour ?

N'ont-ils pas l'un et l'autre le buste large, les yeux neufs, les mains justes et fécondes ? A quoi tiendrait le jour, à quoi tiendrait l'humanité amère des transportés mouillés, frileux, solitaires, sinon à eux, à eux deux, côte à côte, ici, maintenant, et qui voient ensemble ?

Parce qu'il la connaît depuis toujours, il l'a accueillie à son bord, à son côté. Elle est sa familiarité la plus intime. Celle qui ne veut même pas de paroles. Comme si toujours elle avait été là. Comme si elle était sa plus ancienne, sa plus profonde compagne.

N'ont-ils pas soif l'un et l'autre de l'entente anté-rieure, de l'accord muet, de l'évidence, de l'alliance qui ne peut se défaire, de l'entrée conjuguée dans l'hu-main ?

La pluie aurait cessé, et l'étoffe étirée des nuages aurait enfin cédé. Un bleu ardent, impitoyable, aurait hélé leur cœur vierge et possible.

Alors ils s'y seraient avancés, elle et lui, se connais-sant depuis toujours et à jamais noués ensemble. Ils auraient travaillé à des choses simples et nécessaires. Ils auraient, comme en ce jour, permis la circulation des personnes, le commerce des gens, ils auraient transporté des vivres, des médicaments urgents. Ils se seraient avancés ensemble, silencieux et conjoints, du dedans au dehors... Ne s'y avancent-ils pas ? Humaine, jumelle épiphanie.

Car ce qu'elle a su, à l'instant même où il l'a vue, c'est qu'il l'a reconnue, approuvée et l'a voulue à son flanc. Et dès lors, mais c'est depuis toujours, il s'est mis à conduire avec elle, à tourner le volant, à se pencher pour vérifier que l'autobus ne va pas accro-cher le camion arrêté en double file, à surveiller dans le rétroviseur les passagers qui à la station descendent, à suivre des yeux ceux qui montent à l'avant, à tout faire avec elle. Comme si c'était depuis toujours. Comme s'ils étaient plus que mariés, indissociables.

Avec lui elle conduit, de l'intérieur de lui. Et ce n'est pas seulement son front à elle, mais le sien aussi qu'elle porte et présente à découvert, bien au-dessus de l'asphalte, à hauteur d'arbre, d'oiseau, de nid, à hauteur d'ailes, de plume. Sur son beau front (c'est ainsi qu'elle l'éprouve, en haut de son visage), mais c'est tout aussi bien *leur* front, l'humble lumière du jour a trouvé sa plage, son repos, sa vérité attendrie.

Il lui semble qu'elle sait, ou qu'elle va savoir de façon imminente, le message inscrit en transparence sur l'écran ouvert de la ville — leur beau front partagé...

Et c'est quelque chose comme : nulle part, nul homme, nulle femme, ne peuvent s'aimer autant qu'eux.

Où y eut-il jamais un tel accotement, une si courageuse nudité, une si évidente simplicité ?

Une autre splendeur, un autre rayonnement que ceux de ce dénuement se peuvent-ils concevoir ?

Station *Mosquée-Jardin des Plantes.* Elle se souvient d'un bison de rousse et large toison dont les yeux étaient bleus et qu'autrefois elle visitait. Longtemps elle le regardait, en quête d'innocence, de bonté, en guise de prière.

Implorer du ciel si fort son miel de pardon, n'est-ce pas le voir déjà s'épandre sur la ville ?

Ils remontent l'autre versant de la rue Geoffroy-

211

Saint-Hilaire. Autour de la station *Jussieu* les gens rajeunissent. Les jeunes filles ont les cheveux défaits, des jupes de couleur, les hommes ont de grandes écharpes. Et l'on entend même leurs voix, des bribes de mots, un rire, un appel.

Elle et lui, qui conduisent sans se défaire l'un de l'autre, n'ont pas d'âge. La vie la mort sont épousées dans un seul baiser ; et l'enfance et la vieillesse.

Oui, tant de place pour aimer. Le don d'amour est tel qu'il s'égare et se désespère jusqu'à la crucifixion.

A ce seuil de beauté on ne peut plus vivre. Seulement se souvenir. Savoir que cela a été.

Car l'œil noir fut si entièrement beau que c'est à peine si cela put se voir.

Et pourtant si, cela a été vu ; elle le sait.

Ne plus bouger maintenant. Regarder au-dehors par la mémoire de cet œil sombre, illimité, ouvert en elle.

Laisser faire. Et se défaire. Paumes ouvertes. L'absolue fidélité.

Plus de gens descendent qu'il n'en monte. Il y a maintenant de la place dans le couloir. Elle restera là, debout près de lui, jusqu'au coucher de la vie, jusqu'au coucher du soleil, jusqu'au bout du parcours du 67. Ou jusqu'à ce que ses paupières s'alourdissent et rêvent de sommeil.

Avant qu'ils ne se quittent, avant qu'ils ne s'endorment, elle répond doucement, du fond de ce silence qu'ils n'ont jamais brisé.

212

Mon amour, dit-elle, je vieillis et rentre dans l'enfance.

Chaque nuit je te vois en rêve et nous nous caressons. Oh, que la mort est douce. La vérité est au fond de notre nuit. Elle est le fond de notre nuit.

Je vais sous l'eau dormante de l'étang, dans la vase touffue où tu m'accueilles. En ton silence lovée. Enroulée sans voix dans ta gorge.

Je sombre là où tu es ; sombre.

Ils franchissent la Seine dans la mémoire d'une première, d'une impossible nudité.

Tout est dit. Tous les chemins sont parcourus. Voilà, c'est fini. Ils sont nés et ils meurent.

Mais qui ? Qui se souviendra de la beauté ?

Panorama ouvert d'une ville endeuillée d'amour.

Deuil à pleurer d'un bord à l'autre de l'humain.

Nous aurions pu, nous aurions dû nous aimer infiniment.

C'est toujours sur le pas de la porte, au moment de se retirer, qu'on envisage de dire le plus terrible, ou le plus doux, de ce qu'on avait à dire...

C'est aussi que c'est le plus difficile. A la limite extrême de ce qu'on sait et ne sait pas. Sans doute rêve-t-on qu'une fois la porte close, l'autre saura, lui, connaître en profondeur et en jouissance ce qui s'est imposé à vous par l'étonnement et dans l'aveugle ravissement.

C'est un petit secret de l'amour, à peine une parole, car c'est aussi un grand mystère.

Si enfin ils s'aiment, s'ils se regardent lentement dans l'amour et se donnent à tout jamais leur chair, leurs pensées, leurs saisons, leurs enfants, alors ce n'est plus un homme et une femme. C'est une sœur et un frère.

L'amour est incertain, inaccompli, le partage entre homme et femme y demeure, s'il n'a su aller jusqu'en ce lieu où la disposition particulière à l'amour se défait pour s'élargir infiniment en réciprocité.

Il n'y a plus deux liens qui trouvent, en quelque lieu

214

fragile, à se joindre, il n'y a qu'un lien, un seul, le même. C'est en ce lien qu'ils se définissent. Le même lien fait qu'il y a une sœur, fait qu'il y a un frère.

Parfois une femme aime un homme. Mais c'est un père qu'elle aime, magnifié de valeur et d'autorité. Ou alors c'est un enfant qu'elle berce, apaise et endort sur son sein.

Quand c'est un père qu'elle aime, elle aime, autour d'un homme, ce qui brille, et, au-dessus de lui, la loi qui serait juste. Des reflets, des honneurs, des chimères.

Quand c'est un enfant qu'elle aime, elle aime celui d'avant, caressant sa nostalgie d'innocence et d'éternité. Elle aime en fait par-dessus tout ce bon lait de femme qu'elle lui donne.

Le frère est nu. Il est lisse. Il est tout proche ; extrêmement. La sœur n'est plus mère, ni mirage de Femme. Elle est unique et épousée. La sœur est nue et transparente.

Dans leur sommeil, le pied de l'un effleure celui de l'autre. Alors ils se reconnaissent d'un bord à l'autre de l'humain et bénissent la nuit qui les porte ensemble. Dieu peut se taire. Ils sont en famille d'humanité. Ils veulent bien mourir.

De frère à sœur la différence est indicible.

Tous les arrachements de la différence ont été parcourus, les divorces, les partages, le monde du dehors et celui du dedans. Ils sont arrivés. Là où la différence est pure et incompréhensible. En elle vit le désir. Et ces caresses qui ne sont plus ni d'homme ni de femme, mais seulement d'amour.

Il n'y a plus ni dedans ni dehors. Le monde est un jardin.